監修者――佐藤次高／木村靖二／岸本美緒

［カバー表写真］
テラ（サントリーニ）島アクロティリ遺跡，港町風景の壁画
（アテネ国立考古博物館蔵）

［カバー裏写真］
テーベ出土プロト・コリントス式アリュバロス
（ルーヴル美術館蔵）

［扉写真］
テラ（サントリーニ）島アクロティリ遺跡，ボクシングをする少年の壁画
（アテネ国立考古博物館蔵）

世界史リブレット94

東地中海世界のなかの古代ギリシア

Okada Taisuke
岡田泰介

目次

『黒いアテナ』の衝撃

一九八七年に第一巻、九一年に第二巻が刊行されたバナールの『黒いアテナ』▲は、欧米社会に少なからぬセンセーションを巻きおこした。著者バナールの主張によれば、いわゆるミケーネ文明に先だつ紀元前二十一世紀のギリシアにはエジプト人が進出し、中部のボイオティア地方に植民地を築いていた。エジプトおよびフェニキアからギリシアへの植民は、その後も何波かに分かれて繰り返された。古代ギリシア文明は、このような植民の結果、エジプト・フェニキア文化の強い影響のもとに、紀元前二千年紀の前半に形成された。その歴史は伝承として記憶され、古典期のギリシア人自身もそれを知っていた。ところが、十八世紀以後に高まってきたヨーロッパ中心主義、人種的偏見、反ユダ

▼**『黒いアテナ』** M・バナール（一九三七〜二〇一三）は中国現代政治史を専門とするイギリス出身の歴史学者で、現在はアメリカのコーネル大学教授。二〇〇七年に二巻までの邦訳が刊行された。

ヤ主義のために、そうした事実は二十世紀にいたるまで欧米学界の「正統派」によって黙殺・隠蔽《いんぺい》され、かわりに、ギリシア文明は「アーリア系」白人たるギリシア人によって独自に生み出されたものだという虚構が流布してきた。

　バナールのこの著作には、史料の解釈の仕方など初歩的なレベルで難点がめだち、議論は強い政治性をおびて、しばしば強引でさえある。にもかかわらず、『黒いアテナ』が欧米の学界に賛否両論の強い反響——一部の激烈な反発と、少なくとも問題提起としての方向性は容認しようとする動き——を引き起こした背景には、欧米の古代ギリシア研究がイタリア・ルネサンス以来かかえてきた特殊な事情がある。

　西ローマ帝国の崩壊後ほとんど忘れられていた「古代ギリシア」が、ヨーロッパで「再発見」されはじめたのは、イタリアでルネサンスの運動が進行していた十五世紀ころのことである。しかし、ヨーロッパが再発見した「古代ギリシア」は、現実のギリシアとは切り離され、写本として伝えられてきた古典文献のなかにだけ存在する、いわば「純化」された世界だった。それは、ちょうどそのころ(一四五三年)、ビザンツ帝国が滅亡してギリシアがオスマン帝国の支配下にはいり、ヨーロッパ人にとって容易に近づけない場所になったからである。

古典文献から再構成された「古代ギリシア」に目に見える骨肉を与えたのは、ヴィンケルマン▲自身を始祖とする「新古典主義」運動である。彼は、彫刻と建築に代表される古代ギリシアの造形美術に、理想の美の姿をみたのだった。ところが、ヴィンケルマンは一度もギリシアに行ったことがなかった。彼が目にしたのは、ローマ人がイタリアへ輸入したギリシア美術、つまりローマというフィルターをとおしてすでに「純化」された古代ギリシアだったのである。

こうして「純化」され理想化された古代ギリシアは、ルネサンス以来の古典文献学と新古典主義の重厚な伝統のもとに、ヨーロッパ文明の源流として位置づけられ、欧米の学界のなかで絶対的な価値をおびることになった。そこでは、古代ギリシア文明を相対的にとらえる視点、例えば他の古代文明と比較するような視点は抜け落ちていったのである。

その顕著な現れの一つが、いわゆる「地中海分断モデル」である。これは、地中海をはさんで東西に位置するギリシア・ローマ文明と古代オリエント（エ

▼**J・J・ヴィンケルマン**（一七一七〜六八）　ドイツの考古学者・美術史家。

ジプト・西アジア）文明とをまったく異質なものとしてとらえる考え方で、代表的な論客としてマルクス、ウェーバー、フィンレイなどの有力な学者たちを擁して、古代ギリシア研究に大きな影響力をふるってきた。バナールが批判の矛先を向けたのは、まさにこの地中海分断モデルだったのである。

しかし、十九世紀末から二十世紀初めにかけてあいついだ青銅器文明の発見と、一九五〇年代における線文字Bの解読は、古代ギリシア史の視界をいやおうなく押し広げた。さらに近年、考古学、文化人類学、比較神話学、比較言語学などとの学際的な研究が活発化するなかで、欧米の古代ギリシア研究が、かつてのような自己完結的な世界に閉じこもっていることはもはや難しくなり、パラダイムの大きな転換が起こりつつある。古代ギリシア文明を、欧米人にとっての「われわれ」の歴史の一部としてではなく、古代エジプト文明やメソポタミア文明と同じ他者の歴史・文化としてとらえる、相対的な視座の導入がそれである。バナールの著作もまた、こうした新しい潮流の一環をなすものなのであり、それゆえにこそ価値をもっているのである。

古代ギリシアが古代オリエント文明の強い影響のもとに自己形成をとげたこ

▼K・マルクス（一八一八〜八三）ドイツの共産主義思想家・運動家。マルクス主義の創始者。

▼M・ウェーバー（一八六四〜一九二〇）　ドイツの思想家。現代社会科学の創始者の一人。

▼M・I・フィンレイ（一九一二〜八六）　アメリカ出身のイギリスの古代史家。古代社会を近代とは異質なものととらえた彼の学説は、戦後のギリシア・ローマ史研究に大きな影響を残した。

とは、じつは、初期ギリシア文学とオリエント文学との近縁関係に注目した一部の学者たちによってかなり以前から指摘されていた。また、ウガリト文書（一八頁参照）に注目したゴードンは、ホメロス叙事詩と旧約聖書が、いずれも、紀元前二千年紀の東地中海地域に広がっていたコスモポリタンな文化的土壌から生まれたと考えた。

紀元前二千年紀前半には、人類最古の文明の揺籃《ようらん》の地であるメソポタミアとエジプトを中心に、クレタ島、キプロス島、シリア・パレスティナ、それにヒッタイト（二六頁参照）が台頭してきた小アジアとを結ぶ、人とモノの動きが活発となり、外来の文化と地元の文化の接触と融合も進んだ結果、東地中海をはさんで、多様な政治・社会構造の上に成り立つ諸国家・地域の、太田秀通の表現を借りれば「雑色で立体的な構造的複合体《コンプレックス》」をなす歴史的空間が形成されていった。この歴史的空間を、「東地中海世界」と呼ぶことにする。

▼C・ゴードン（一九〇八〜二〇〇一）　アメリカのオリエント学者・言語学者。彼の学説は日本のギリシア史家太田秀通に影響を与えた。

▼ホメロス　現存するギリシア最古の叙事詩『イリアス』『オデュッセイア』の作者とされる伝説的詩人。『イリアス』と『オデュッセイア』は、職業的な吟遊詩人たちに口承されながら徐々にかたちづくられ、紀元前六世紀までに文字化されたと考えられている。これら二つの叙事詩には、ミケーネ時代と初期鉄器時代の記憶が投影されている。

①—ギリシアの青銅器文明とオリエント

ミノア文明の輝き

紀元前三〇〇〇年ころに始まるギリシアの初期青銅器文化は、ギリシア本土とエーゲ海のキクラデス諸島では、紀元前二〇〇〇年ころに突然終焉をむかえる。しかし、それらの地域とはやや異なった特色ある初期青銅器文化をはぐくんでいたクレタでは断絶はみられず、むしろ逆に、紀元前二〇〇〇年ころを境に、クレタの青銅器文化は新たな段階へと飛翔する。クレタの中期青銅器文化、いわゆるミノア文明▲の始まりである。「迷宮」として有名なクノッソス▲をはじめとするいくつかの「宮殿」の出現が、それを象徴している。

クレタの宮殿は、石を敷きつめた長方形の中庭を取り囲むように、支配者の居住区、倉庫、工房などの建物が配置されたプランを特徴とする複雑な構造物である。宮殿は、人びとの宗教生活の中心として、おそらく祭司的な性格の強かった当時の支配者の住む場所であるとともに、大型の甕《かめ》が林立する広い貯蔵庫が示すように、「再分配▲」を特徴とする物流のセンターとしての機能をも兼

▼ミノア文明の時代区分　ミノア時代のクレタ史は、宮殿を目印として、宮殿出現に先だつ前宮殿時代、宮殿がはじめて出現した古宮殿時代、紀元前十八世紀にいったん破壊された宮殿が再建された新宮殿時代に区分されている。クノッソスを除く新宮殿が紀元前十五世紀にふたたび破壊をこうむったあと、いわゆる諸宮殿崩壊後の時代のクレタは、ミケーネ文明の影響下にはいっていく。

▼クノッソス宮殿　クレタの中心都市イラクリオンの郊外にある青銅器時代の遺跡。ミノア文明のもっとも重要なセンターであり、イギリスのジャーナリスト・考古学者A・J・エヴァンズが一九〇〇年にこの遺跡を掘りあてたことは、ミノア文明発見の契機となった。

ね備えていた。宮殿の支配下にある地域から集められた穀物、ブドウ酒、オリーヴ油、羊毛などの物資は宮殿の貯蔵庫に蓄えられ、必要に応じて人びとに配給された。ミノア人が線文字Aと呼ばれる文字を使った記録方法を考案したのは、このような経済システムの運営を円滑にするためだったと考えられている。

▼再分配　首長制社会を特徴づける経済システム。首長制社会とは、アメリカの文化人類学者E・R・サーヴィスが提案した社会発展段階のモデルで、部族社会と国家社会との中間の段階。首長制社会における首長のもっとも重要な役割は、貢納などのかたちで徴収した生産物を保管・管理し、適宜分配することであり、首長の権威はそれによって維持される。

クレタと西アジア

ミノア時代のクレタとオリエント世界との接触は、前宮殿時代から古宮殿時代への過渡期にあたる紀元前二〇〇〇年前後に遡るようである。総じて、西アジア(シリア・パレスティナ、メソポタミア、キプロス、小アジア)との接触が先行し、エジプトとの本格的な交流の開始はやや遅れた。

一部の学者は、クレタの中期青銅器文化は西アジア諸文明の強い影響のもとに形成されたと考えている。これは、ミノア文明の独自性を認めつつも、西アジアからの影響を相対的に重視しようとする立場である。クレタ各地での宮殿の出現に象徴される、前宮殿時代から古宮殿時代への発展に、西アジアの古代文明の反映をみる仮説は興味深い。この仮説によると、クノッソスの「迷宮」

●東地中海世界

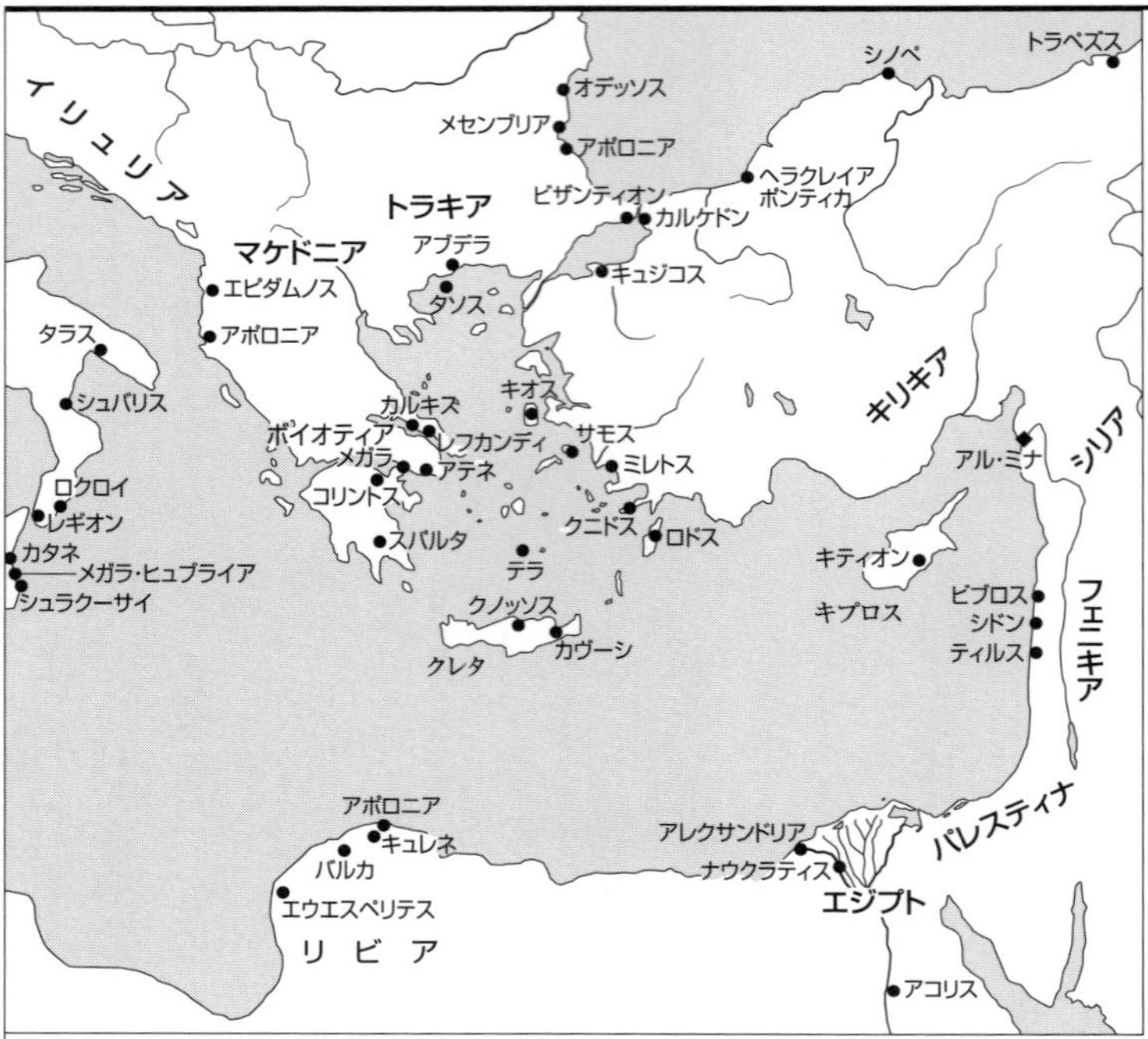

●ギリシアとその周辺

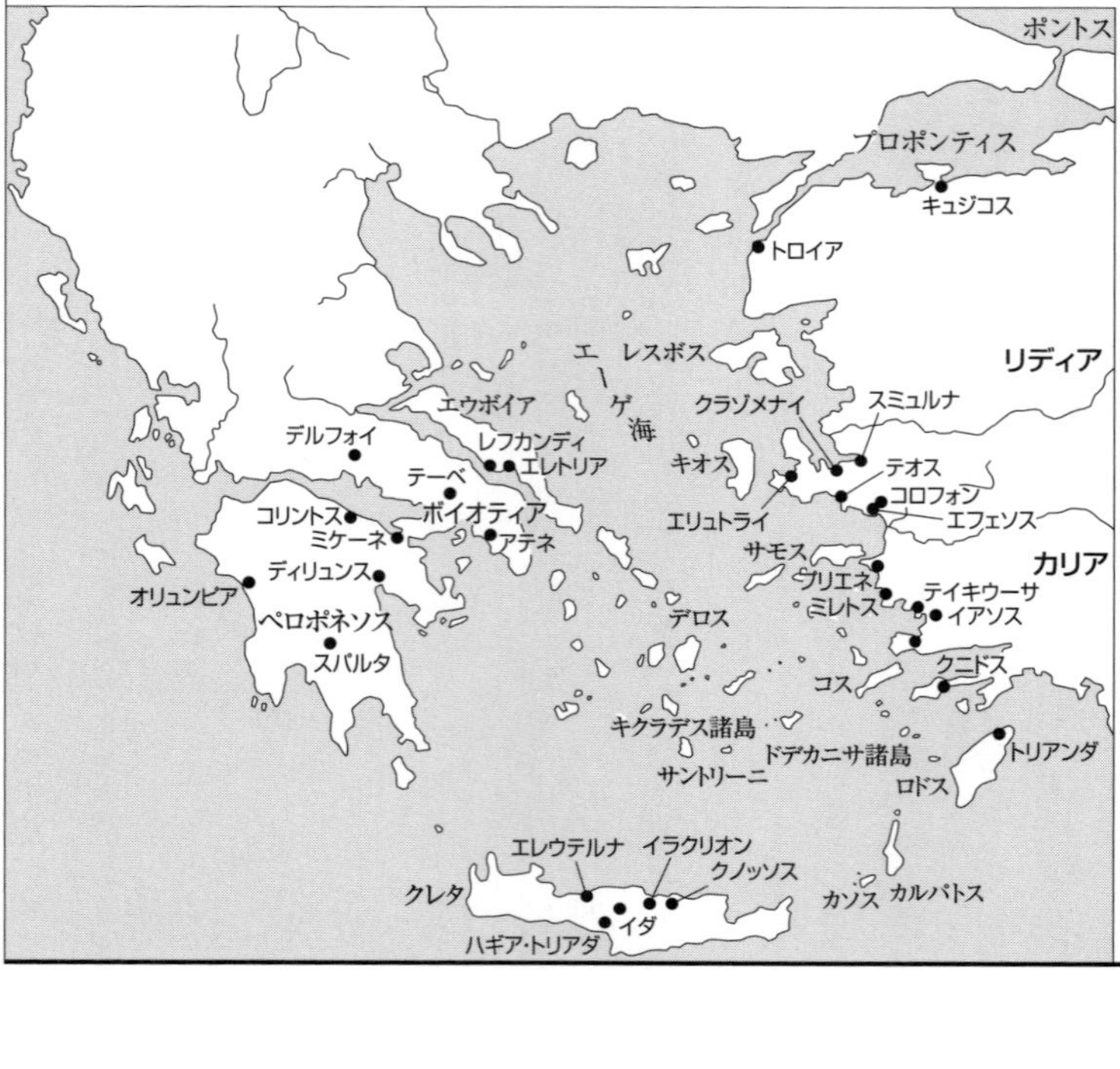

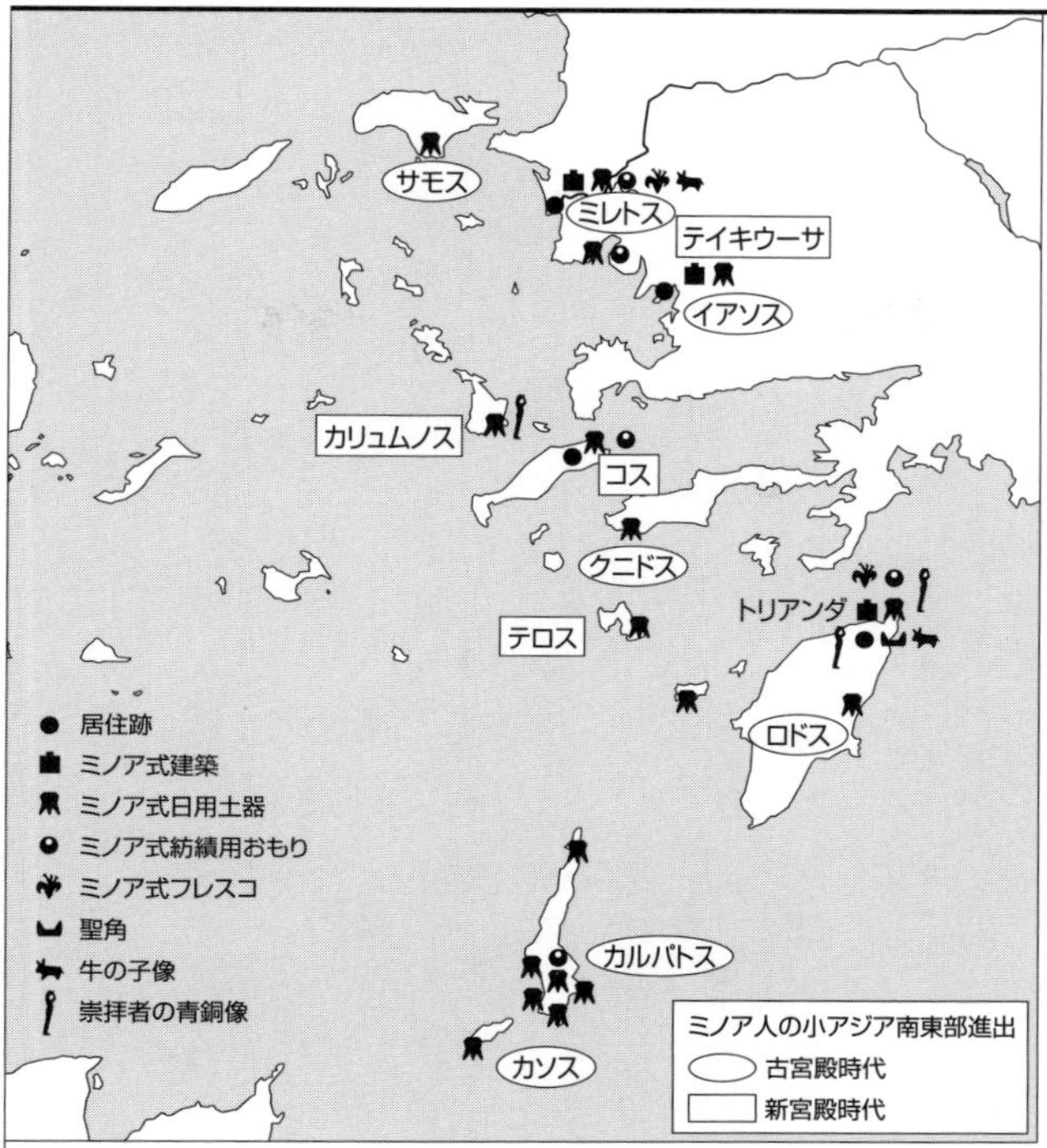

●小アジア南東部におけるミノア文明の遺物・遺跡出土分布

●東地中海世界略年表

		ギリシア	オリエント
BC	青銅器時代		
2000		ミノア文明	
		ミケーネ文明最盛期	アマルナ時代
1300			ウル・ブルンの沈没船
1200		ミケーネ文明崩壊	ヒッタイト帝国滅亡
1100	初期鉄器時代	亜ミケーネ様式	
1000		原幾何学様式	
900		幾何学様式	アッシリアの強勢
		テッケの青銅鉢	フェニキア人，キティオンを建設
800		アルファベット伝来	アル・ミナの繁栄
		ホメロス叙事詩成立	
		ヘシオドス『神統記』	
		イダの青銅製「タンバリン」「盾」	
		サモスのヘラ神殿	
700	前古典期	東方化様式	イオニア人の植民活動
		テルモンのアポロン神殿	
			ナウクラティス成立
			マッサリア成立
			イオニア諸市の繁栄
			ペルシア，リディアを滅ぼす
			イオニア反乱
500	古典期	ペルシア戦争	
		デロス同盟成立	エウリュメドン河口の戦い
		ペロポネソス戦争	

▼**マリ文書**　マリは、シリア東部、ユーフラテス川中流域にあった、アッカド人の有力な都市国家。その起源はシュメール時代に遡る。紀元前十八世紀にバビロン第一王朝のハンムラビ王に滅ぼされた。このとき炎上した宮殿と神殿に保管されていた二万枚をこえるアッカド語の楔形文字粘土板が、一九三五年に始まる調査の過程で発見された。これがマリ文書で、その多くはマリ王に宛てた報告書や外交書簡であり、紀元前十九～前十八世紀におけるシリア・メソポタミア史の重要な史料となっている。

をはじめとする宮殿に集約されている大規模建築技術や、文字と印章を用いた複雑な財政システム、祭祀制度は、前宮殿時代のクレタにはみられないものであり、そのモデルはシリアとその背後に広がるメソポタミアにあるとされる。クノッソス「迷宮」のモデルではないかとされるマリの王宮でみつかったいわゆるマリ文書▲には、カプタルーという名でクレタへの言及がある。また、古宮殿時代のミノア文明を特徴づけるカマレス式土器が、シリアやメソポタミアで出土している。

クレタ各地で宮殿が簇生《そうせい》しはじめた古宮殿時代になると、ミノア人はエーゲ海南東部への進出を開始する。ミノア人が築いた拠点のうち、この時期に遡るものとしては、小アジア南西部沿岸に浮かぶカソス、カルパトス、ロドス、サモスの島々と、対岸のクニドス、イアソス、ミレトスが知られている。くだって新宮殿時代になると、新たにテロス、コス、カリュムノス、テイキウーサにミノア人が進出した。

なかでも目を引くのは、ミレトスの場合である。ミレトスでは、一九九〇年代の調査によって、古宮殿の出現とほぼ時を同じくしてミノア人がこの地に進

カマレス式土器

出していたことが明らかになってきた。彼らの目的は、おそらく、宮殿に象徴される社会の階層化にともなって支配層のあいだで高まってきた権威の象徴としての財物、すなわち「威信財」への需要にこたえること、とりわけ小アジア内陸部に産する銅などの金属の獲得にあった。ミレトスは、小アジアとの金属交易の基地だったのであろう。ミノア人は、ここに政治的性格をもたない居留地をおいていたか、あるいは現地人コミュニティのうえに一定の支配をおよぼしていたのではないかと思われる。新宮殿時代になると、ミレトスにおけるミノア人の痕跡はいっそう濃厚になり、ミレトスはミノア人のコロニーとしての性格を強めたようである。日用品、祭祀、葬制にミノア文明の影響が強くみられるだけでなく、線文字Aを刻んだ土器片も数点みつかっているからである。同様の指標を目安として、ロドス島のトリアンダとイアソスにもまた、ミレトスのようなミノア人コロニーがあったとみられている。

西アジアとクレタの中間に位置するキプロス島にミノア人があらわれたのは、やはり前宮殿時代から古宮殿時代への変り目のころであった。キプロスは東地中海世界最大の銅の産地として知られた島であるが、古宮殿時代のクレタでは

第十八王朝時代のエジプト

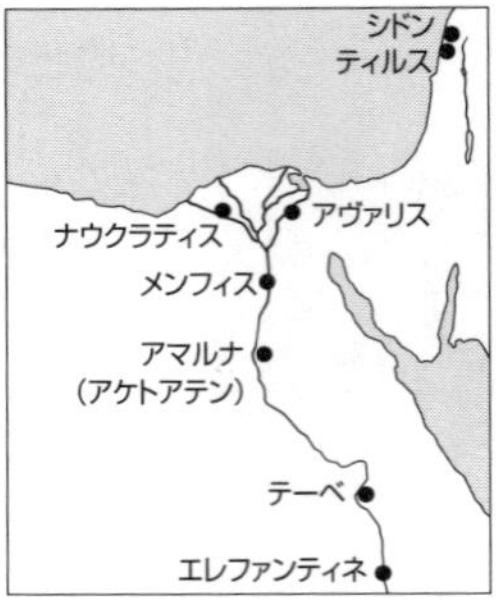

▼アメンヘテプ三世（在位紀元前一三九〇〜前一三五二）　第十八王朝九代目の王。

まだキプロス産の銅は使われていなかったので、ミノア人はむしろ、錫の国際的取引センターであったマリからウガリトを経由してクレタにいたる交易路上の中継地として、この島を訪れていたものらしい。

クレタとエジプト

クレタを意味するケフティウがエジプト側の史料にはじめてあらわれる時期は紀元前二〇〇〇年ころに遡り、遅くとも紀元前十四世紀前半のアメンヘテプ三世▲の時代までには、クレタにある諸宮殿・都市だけでなく、エーゲ海の島々（「大いなる緑のなかの島々」）、ペロポネソス半島（タナヤ）までもが、エジプト人の知るところとなっていた。それは、アメンヘテプ三世の葬祭神殿で出土した五つの彫像台座に刻まれていた地名・民族名リスト、いわゆる「エーゲ海リスト」のなかに、それらの地名が見出されるからである。

エジプトとクレタとの交流が本格化するのは、紀元前十六世紀後半に始まる第十八王朝以降のことである。交流の最初の重要な痕跡は、ナイル・デルタ東部のアヴァリス（現在のテル・エル・ダバア）で最近になって発見されたミノア風のフレスコ画である。これは、第十八王朝の創始者イアフメス王▲が、紀元前一五三〇年にヒクソス▲政権を打倒したあと、ヒクソスの都であったアヴァリスに建設した宮殿・要塞の壁面に描かせたもので、製作にあたったのはクレタからやってきた親方に率いられた職人集団であった。

同じ第十八王朝時代であるが、ややくだって紀元前十五世紀から前十四世紀にかけて、当時の首都テーベの墓域に建設された八人の貴族の墳墓をかざる朝貢行列のなかに、碑文によってクレタ人とわかる人びとの姿が見える。これらの墳墓の年代は、ハトシェプスト女王▲からアメンヘテプ三世までの、約一〇〇年間にわたっている。朝貢行列はそのころ人気のあった墳墓の装飾壁画の主題であり、アメンヘテプ三世葬祭神殿の「エーゲ海リスト」と同じく、被葬者の威光が諸国にあまねくゆきわたっていることを表現するための、いわば定型表現である。したがって、これらの記録から当該時期のエジプトの現実の対外関係をただちに読み取ろうとするのは危険だが、そこに、紀元前二千年紀なかごろまでのエジプトとエーゲ海諸地域との交流の一端が投影されていると考えることは許されるであろう。

▼イアフメス王（在位紀元前一五五〇〜前一五二五）　第十八王朝初代の王で、ヒクソスを追って国土の再統一をはたした。

▼ヒクソス　紀元前十七〜前十六世紀にかけて、ナイル・デルタを中心にエジプトを支配したアジア系民族で、彼らが樹立した政権を第十五、十六王朝と呼んでいる。

▼ハトシェプスト女王（在位紀元前一四七九／七三〜前一四五八／五七）　第十八王朝第五代目の王。

テーベの墓域にある貴族レミクラの墳墓装飾壁画に描かれたケフティウ（クレタ）の人びとの朝貢図

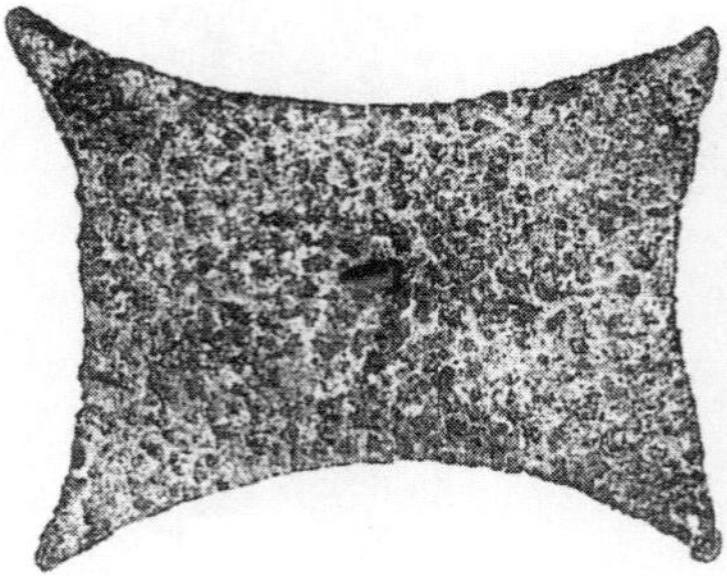

クレタ島ハギア・トリアダ遺跡出土の銅の鋳塊　青銅製品の原料となる銅と錫は、このような牛皮型の鋳塊として交易されていた。

ちなみに、この墳墓装飾壁画の朝貢行列のなかには、四辺が突出した板状の、銅と思われる鋳塊《ちゅうかい》を運んでいる人物が一六例見られる。そのうち二人はクレタ人である。このタイプの鋳塊は、まるごと剝がした牛の皮に似ているので「牛皮型」と呼ばれている。銅をはじめとする金属は、当時の東地中海交易、とりわけ支配者のあいだでの威信財交換のもっとも重要な媒介物の一つであった。クレタでは、輸入された金属は鋳塊の状態で保存されたり、宮殿付属の工房で奢侈品《しゃしひん》に加工されたりした。クノッソスの南方にあるハギア・トリアダの「離宮」では、銅の「牛皮型」鋳塊が多数、宮殿の奥深くに貯蔵されていた。

ミケーネ文明の発見

ミノア文明は、紀元前一五世紀ころに転機をむかえる。各地の宮殿に破壊の痕跡を残したこの時期を境に、ギリシアの青銅器文化の中心は徐々に、紀元前十六世紀ころから本土のペロポネソス半島を中心に台頭してきていたミケーネ文明に移る。後期青銅器時代の幕開けである。この文化の担い手であるミケーネ人は、言語系統の明らかでないミノア人と違って印欧語のギリシア語を話す人びとであり、線文字Bと呼ばれる音節文字▲による表記システムを用いて、断片的ではあるが記録を残している。線文字Bを刻んだ粘土板は、ギリシア本土のミケーネやピュロスだけでなく、クノッソスでも約三〇〇〇点がみつかっている。この事実からは、それまでギリシアの青銅器文化をリードしてきたクレタに、ミケーネ文明の影響がおよんだことがうかがわれる。

一八七六年、シュリーマン▲による、ペロポネソス半島南東部ミケーネにおける宮殿の発掘は、クレタの宮殿の破壊に先だつ時代に、この地に富裕で高度な文明が存在していたことを明らかにした。シュリーマンが宮殿の城壁の内側で発見した円形墓域A内の岩盤に彫り込まれていた六基の竪穴墓からは、薄く打ち伸ばした黄金板でつくられた通称「アガメムノンのマスク」をはじめ、総重量一三キロにのぼる精巧な黄金製品と、それを上回る量の銀製品が発見された。紀元前一五七〇～前一五〇〇年ころのものと思われるこの円形墓域Aと、一九五二年に宮殿の外で発見された円形墓域B（紀元前一六五〇～前一五五〇年ころ）は、紀元前十六世紀から前十二世紀にかけて栄えたミケーネ文明最古の遺跡である。

ミケーネやティリュンス、ピュロスに見られるような、堅固な城壁をめぐら

▼音節文字　単音ごとに文字をあてるアルファベットと違って、音節ごとに表記する文字。日本語の仮名はその典型である。

▼H・シュリーマン（一八二二～九〇）　ドイツの実業家・考古学者。

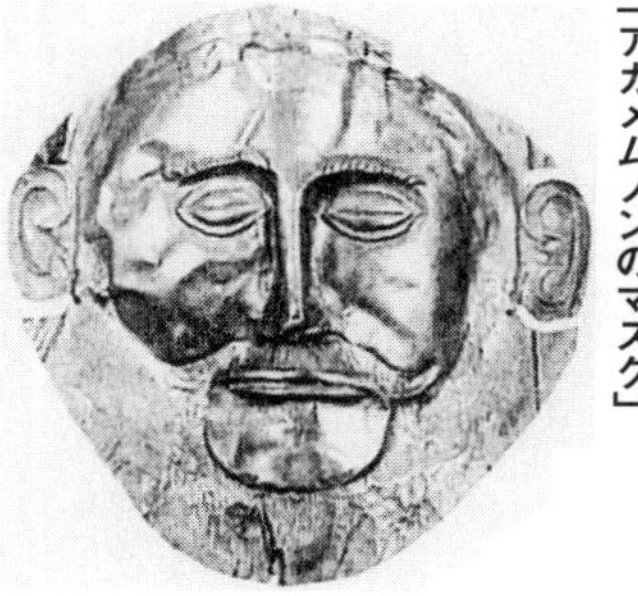
「アガメムノンのマスク」

せた宮殿が各地に出現した紀元前十四世紀から前十三世紀にかけては、ミケーネ文明の最盛期である。現在四〇〇カ所以上の遺跡が知られており、その多くは小規模ながら自立的な共同体であったらしい。

線文字Aが未解読なミノア文明と違って、まがりなりにも文字史料である線文字B粘土板が利用できるミケーネ文明については、国家や社会の構造をある程度復元することができる。ただし、線文字B粘土板の内容はほとんどが宮殿に集積されていた物資の収支記録の類であり、しかも、それらは宮殿の破壊にともなう火災によって粘土板が偶然に焼成・保存された年のみにかかわる記録であるために、時間的な深みをもたない。したがって、現存する粘土板は、ちょうど小さな穴からのぞいたように、ミケーネ社会のごく一部を映し出しているにすぎない。

ミケーネ人の対外発展

シュリーマンがミケーネの宮殿で発見した宝物のなかには、クレタからもたらされた牛頭形杯《リュトン》、バルト海原産の琥珀《こはく》の装身具、ダチョウの卵殻を利用した

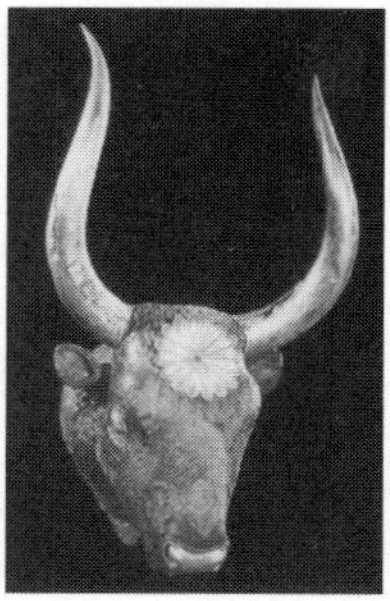

牛頭形杯（リュトン）

容器といった「舶来品」が含まれており、ミケーネ人が、エーゲ海地域から内陸ヨーロッパ、アフリカにいたる広大な地域と直接・間接に交流をもっていたことがわかる。

事実、ミケーネ人の交易圏は、西方ではマルタ島から南イタリア、シチリア島に、東方ではキプロス、クレタを中継地としてシリア・パレスティナ、エジプト、さらには小アジア西岸にまで広がっていた。それを物語るのは、とりわけ、ミケーネ文明特有の土器の出土であり、それらは、多くの場合、ギリシアの主要な輸出品であったオリーヴ油やブドウ酒などの容器として各地へ運ばれたものである。出土する土器には、ギリシア本土でつくられた純正品だけではなく、ロドスをはじめとするエーゲ海の島々や小アジア西岸でつくられた模倣品も多い。ミケーネ人が活発に海外へ進出した主たる目的は、紀元前八世紀に始まるギリシア人の大植民活動のときと違って、土地の獲得ではなく、支配層相互での威信財のやりとりを含む広い意味での交易にあった。

エジプトとシリア・パレスティナ

エジプトと、背後にメソポタミアをひかえたシリア・パレスティナ地方との交易は、ミケーネ人にとって極めて重要であった。外国人商人を厚遇したエジプト第十八王朝の改革王アメンヘテプ四世▲の都アケトアテン（現在のアマルナ）では、ミケーネ式土器が数多く出土している。ミケーネ式土器は、また、パレスティナの沿岸都市アスカロンやガザの付近から内陸へ運ばれ、ヨルダンにまで達した。ミケーネ人がさかんに訪れていたと思われる交易都市ウガリト▲のあるシリア北部では、ミケーネ式土器が、オロンテス川を遡って内陸のアララハ王国、ハマ、さらにはカデシュにまで分布している。

一方、ミケーネ宮殿の竪穴墓では、ライオン狩りやパピルスの茂る川の風景といったエジプト風の意匠でかざられた短剣が出土している。また、クノッソスの線文字B文書には「緋色にぬられた戦車」への言及があるが、山川廣司は、この緋色が以下でもふれる骨貝の一種の腺分泌物からとった染料を指すと考えている。この染料は、とりわけフェニキアの特産品であった。

紀元前二千年紀、メソポタミア、エジプト、地中海東岸、エーゲ海地域を結

▼アメンヘテプ四世（アクエンアテン、在位紀元前一三五一～前一三三四）　第十八王朝第十代目の王。

▼ウガリト　紀元前三千年紀後半から都市として台頭し、紀元前十二世紀初頭まで存続した北シリアの商業国家。首都ウガリトの遺跡は、現在のラス・シャムラにある。一九二九年に始まるフランス隊の発掘によって、大規模な宮殿を含む都市の全貌が明らかになった。この遺跡では、約二〇〇〇点の、ウガリト語粘土板を中心とする粘土板文書群がみつかっている。これが「ウガリト文書」である。

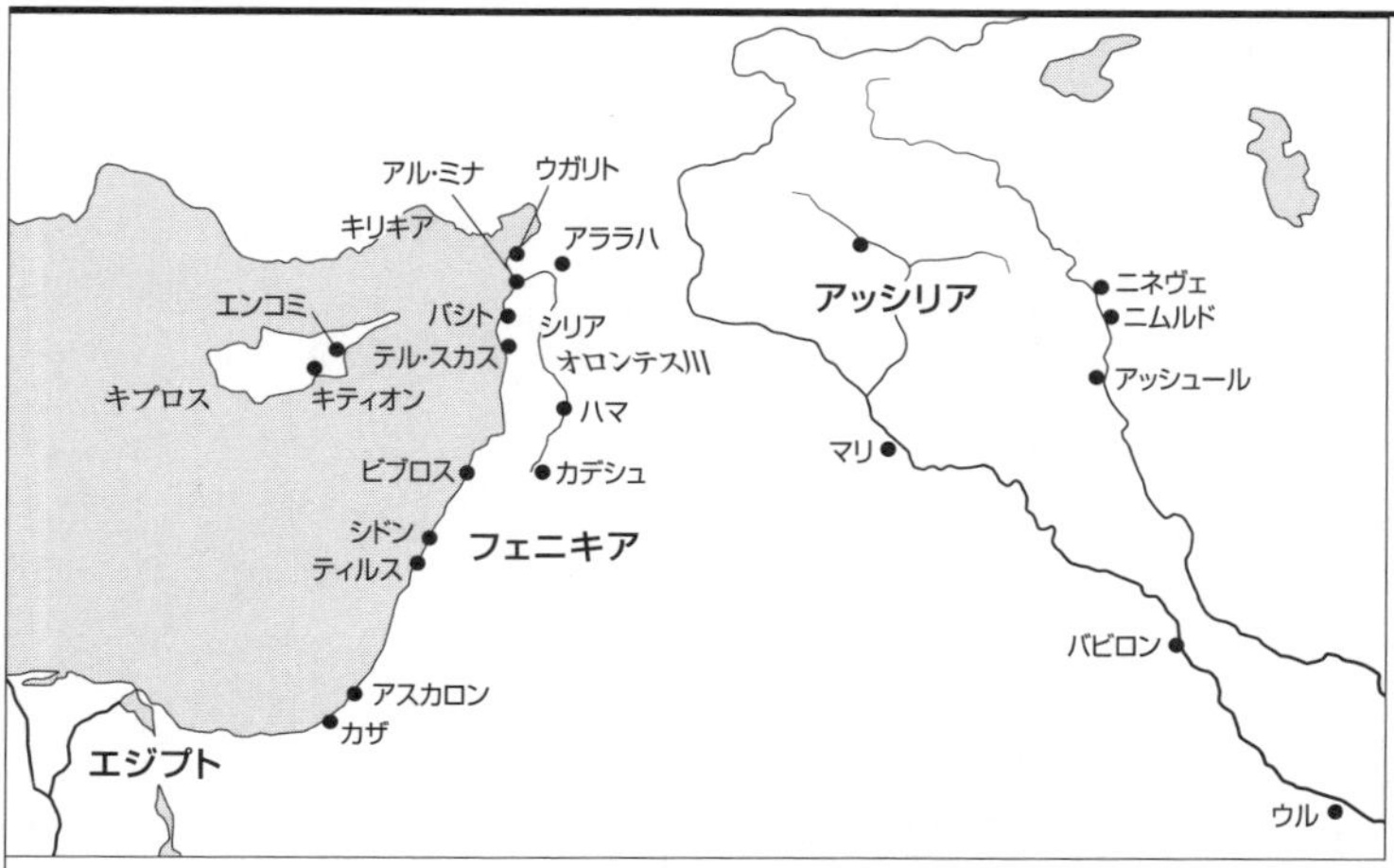

●紀元前二千年紀の地中海東岸

●ミケーネ式土器　器口部が鐙に似ていることから鐙壺(あぶみつぼ)と呼ばれるもの。

●ライオン狩り図の短剣(ミケーネ出土)

ぶ東地中海交易のかなめの役割をはたしていたのは、すでに何度か言及したウガリトである。北シリアのラス・シャムラ付近で地元の農民が偶然ミケーネ時代の墳墓を掘りあてたのをきっかけに、一九二九年からベイルートのフランス考古学局が調査にはいり、やがて出土した粘土板文書によって、この遺跡がアマルナ文書▲にあらわれるウガリトであることが判明した。

紀元前十四〜前十二世紀にわたるウガリト出土粘土板文書は、地中海東岸の人びとのほか、エジプト、キプロス、メソポタミア、さらにはエーゲ海地域にいたる各地の商人たちが居留地をかまえる、この都市のコスモポリタンな雰囲気を伝えている。ウガリトは、中継貿易のほかに、骨貝の腺分泌物で染色した高級布地や青銅の生産・輸出によっても大きな利益をあげていたようである。キプロス、クレタ、ギリシア本土のミケーネ諸国はウガリトの重要な交易相手であり、その結果、この商業都市は東西文化の架け橋の役目をはたすことになった。

▼アマルナ文書　エジプトのアマルナで出土した、約四〇〇点にのぼる楔形文字粘土板。そのほとんどは、紀元前十四世紀前半からなかごろにかけて、バビロニア、アッシリア、ミタンニ、ヒッタイトなどのオリエント列強諸国と、エジプトに服属するシリア・パレスティナの支配者たちから、当時のエジプト王、アメンヘテプ三世と同四世に宛てられた外交書簡からなる。紀元前十四世紀のオリエント世界の国際関係を知るうえで一級の重要性をもつ史料群である。

キプロスと小アジア

キプロスは、そこで発見されている大量のミケーネ式土器が示すように、ミケーネ人にとって自国産物の重要な市場であるとともに、青銅の生産に不可欠な銅の供給地でもあった。また、島の南岸と東岸の港湾都市は、シリア・パレスティナやエジプトとギリシアとのあいだを行き来するミケーネ人にとって格好の中継基地となっていた。

キプロスにおけるミケーネ人の痕跡は、紀元前十六世紀末〜前十五世紀初頭に遡るが、交流が本格化するのは、紀元前十四世紀〜前十三世紀なかごろにかけて、ミケーネ人の東地中海交易が爆発的に発展した時期のことである。

このように、キプロスを経由するこのころの東地中海交易の一端をかいまみさせてくれるのは、小アジア南岸のウル・ブルンとゲリドンヤ岬の沖、それにペロポネソス半島南東部アルゴリス湾のイリヤ岬沖で発見された沈没船である。

小アジア南岸でみつかった二隻のうち、古いほうのウル・ブルンの沈没船（紀元前十四世紀後半）は、一〇トンにものぼる銅の「牛皮型」鋳塊と一トンの錫の鋳塊をはじめとして、青色ガラス、レバノン杉の丸太、未加工の象牙とカバの牙、アフリカ産の黒檀、カナン製の金銀の装飾品、ミケーネとメソポタミアの印章、ヒエログリフを刻んだ黄金の指輪、ネフェルティティの金のスカラベ型印章、ガラス、ファイアンス細工、琥珀の首飾り、各種の青銅製刀剣、赤鉄鉱の分銅、カナン、キプロス、ミケーネ各様式の土器、没薬《もつやく》、乳香、そしておそらくオリーヴ油とブドウ酒を積載していた。この積荷は、ウル・ブルンの船がシリア（ウガリト？）からキプロスを経由して西へ向かっていたことを思わせる。ちなみに、テーベの墳墓装飾壁画に描かれた「牛皮型」鋳塊の一つは、シリア産と明記されている。

　ゲリドンヤ岬の沈没船（紀元前十三世紀末）の積荷の大半は、やはり銅と錫の鋳塊であり、ほかにリサイクル用らしい青銅の「スクラップ」が積み込まれていた。これは、そのころ、錫の供給不足のせいで青銅の価格が高騰していたことと関係があるのかもしれない。この船には、こうした「スクラップ」を再加工するための鍛冶《かじ》屋が乗り組んでいた可能性もある。銅の鋳塊は分析の結果キプロス産とわかったものの、円筒形の印章と、エジプト製品をモデルにシリア・パレスティナでつくられたと思われるスカラベが発見されたことから、こ

ウル・ブルン沈没船の積荷実測図

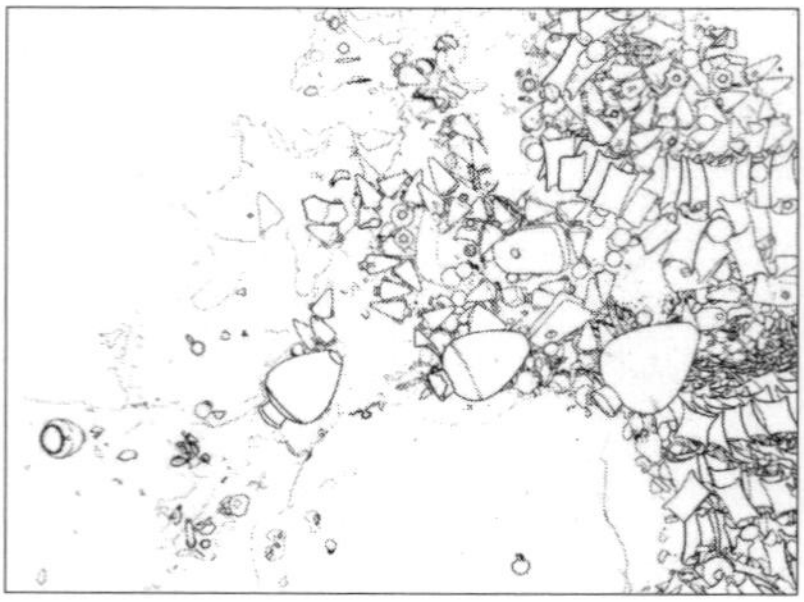

▼ネフェルティティ　アメンヘテプ四世の妃。

▼スカラベ　甲虫の一種。フンコロガシ、タマオシコガネとも呼ばれる。

▼ファイアンス　表面にうわぐすりをかけて焼いた施釉（せゆう）土器。オリエントの施釉土器はエジプト起源で、石英や凍石の素地の上にアルカリ質の釉をほどこしたもの。

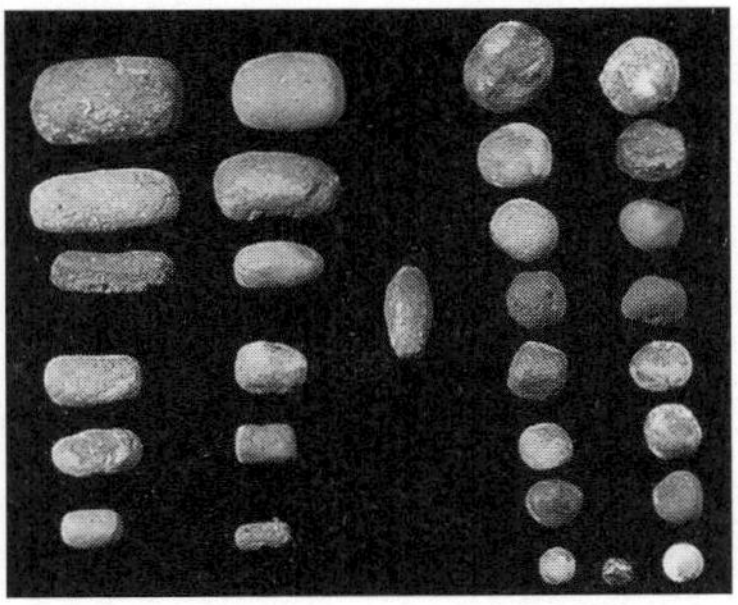

ゲリドンヤ沈没船に積まれていた分銅

の船の母港はウル・ブルンの船と同じく東地中海西岸方面にあったと推測されている。もっとも興味深いのは計量用の分銅で、シリア、キプロス、クレタ、ギリシア、エジプト、ウガリトといった各地の規格のものがそろっていて、当時の東地中海交易圏の広がりを彷彿《ほうふつ》させる。

ゲリドンヤの船とほぼ同じ時期のものと思われるイリヤ岬の沈没船は、キプロス式、ミケーネ式、クレタ・ミケーネ式の各種土器を積んでいた。船は、まずキプロスの港で食物か果物をおさめたキプロス式の壺を積み込んだあと、クレタへ立ち寄ってオリーヴ油などを詰めたクレタ・ミケーネ式の壺を積んだ。それからペロポネソス半島へ向けて北上し、アルゴス湾のどこかの港で積荷の一部をおろし、さらに航海を続けていたとき突然の時化におそわれ、岩だらけの海岸に打ちつけられて沈んだものと思われる。沈没船が横たわっていたのは、海岸からわずか一〇メートルの海底であった。

イリヤ岬の船は、おそらくキプロスの商人が所有していたもので、積荷から考えて、金属や財宝などの威信財のやりとりに従事する王の御用船ではなかった。それは、ミケーネ時代のギリシアとクレタ、キプロスとのあいだに、食料品や羊毛といったごく日常的な品物を対象とする交易がいとなまれていたこと、つまり、当時の海上交易が支配層のあいだでの威信財交換にかぎられていたわけではないことを示す点で重要である。

ミケーネ時代のギリシア・キプロス交易の証拠としては、ほかに、サラミスの海戦で有名なサラミス島の南西部カナキアで出土した、銅の「牛皮型」鋳塊とキプロス風の紡績用はずみ車があげられよう。カナキアはミケーネ時代末期(紀元前十三〜前十二世紀初頭)に栄えた遺跡で、当時はサラミス周辺の政治的・経済的センターとして機能していたらしい。

キプロスでは、紀元前十三世紀末になると、エンコミ、キティオンなどの沿岸都市が破壊され、その後すぐに再建された都市には、ミケーネやティリュンスの宮殿を特徴づける「キクロペス式城壁」やミケーネ風の石造建築物がつくられた。また、土器、象牙・金属細工などにも、それまでキプロスにはみられなかったミケーネ文明の特徴があらわれる。これらは、ギリシア本土の混乱を逃れたミケーネ人エリートが、技術者・職人をつれて移住してきたことを推測させる。ミケーネ人の移住は、ギリシア本土をさらなる混乱が襲った紀元前十二世紀にも続き、その結果、末期のミケーネ文明がキプロスで余命を保つことになった。

小アジアでは、土器や印章、武器といったミケーネ文明の遺物が、北はトロイアから南はテルメッソスにいたる西岸全域に分布しているのにたいして、居住跡や墳墓などミケーネ人コロニーの存在を示唆する痕跡は、小アジア南東部に集中している。

小アジアでもっとも古いミケーネ文明の遺跡であり、クレタのミノア文明とも関係の深かったミレトスでは、紀元前十五世紀から前十二世紀にかけてのミケーネ式土器が数多く出土しているほか、葬制や家屋の様式にもミケーネ文明の強い影響がみてとれる。ミケーネ人のコロニーは、紀元前十五世紀に、ミノア人のそれを継承するかたちで形成されたと考えられている。このコロニーは、紀元前十二世紀まで存続する。北へ目を転じると、シュリーマンの発掘で有名な▲トロイアでは、第六市の層で紀元前十五〜前十三世紀のミケーネ式土器がとくに多く出土しているのにたいして、続く第七市では地元製の模倣品がふえていく。

▼トロイア　遺跡の存在は一八二〇年代から知られていたが、本格的な発掘は七〇年から九〇年にかけてのシュリーマンによるものが最初である。かりに『イリアス』に描かれた「トロイア戦争」になんらかの史実性を認めるとすれば、それは、紀元前十三世紀前半に第六市の破壊をもたらした事件の記憶が投影されたものだろうと考えられている。

ドデカニサ諸島の中心をなすロドスとコスでは、後代の攪乱《かくらん》のせいでコロニーの痕跡こそ十分には確認されていないものの、墓域からは多数のミケーネ式土器がみつかっており、これらの島々がミケーネ文明圏のなかで重要な位置を占めていたことは疑いない。やや北方に浮かぶサモス島でも、のちの中心市とヘラ神殿《ヘライオン》から出土する多数の土器がミケーネ時代のコロニーの存在を示唆している。

ミケーネ人とヒッタイト

ミケーネ人が東地中海地域で展開した活動は、同時代のオリエント人の視野にもはいっていた。ヒッタイト▲の史料には、紀元前十五世紀以降、約二〇〇年間にわたって、アッヒヤワなる勢力が、小アジア西部におけるヒッタイトの有力な敵手として登場する。紀元前十五世紀後半にヒッタイト史料にはじめて姿をあらわすアッヒヤワは、小アジア西部に拠点を築き、小アジアとキプロスで軍事行動を展開している。

紀元前十四世紀末になると、アッヒヤワの勢力は小アジア西岸の島々におよ

▼**ヒッタイト**　紀元前十八世紀から前十二世紀にかけて、印欧語を話すヒッタイト人が築いた国家で、小アジアと北シリアに勢力を張った。製鉄技術と二輪戦車を武器として、エジプト、バビロニア、ミタンニなどの列強と覇を競った強国である。

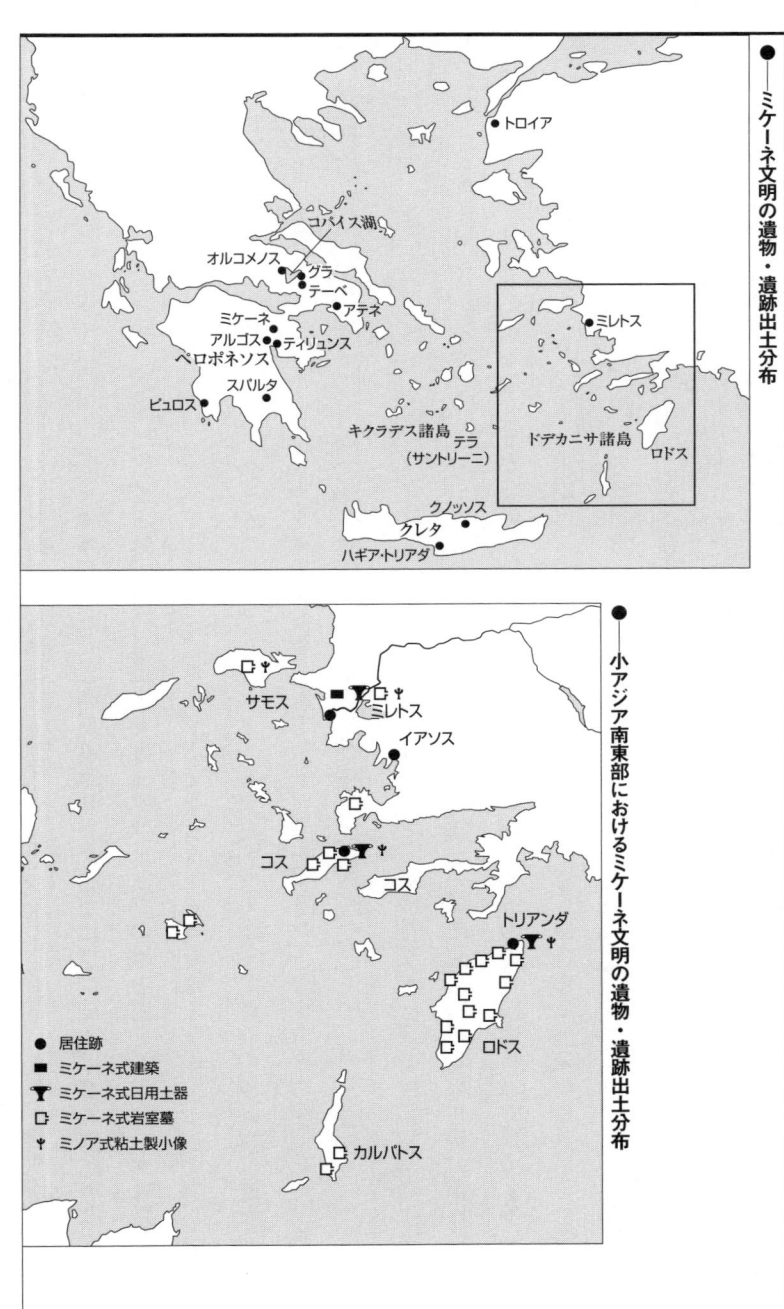

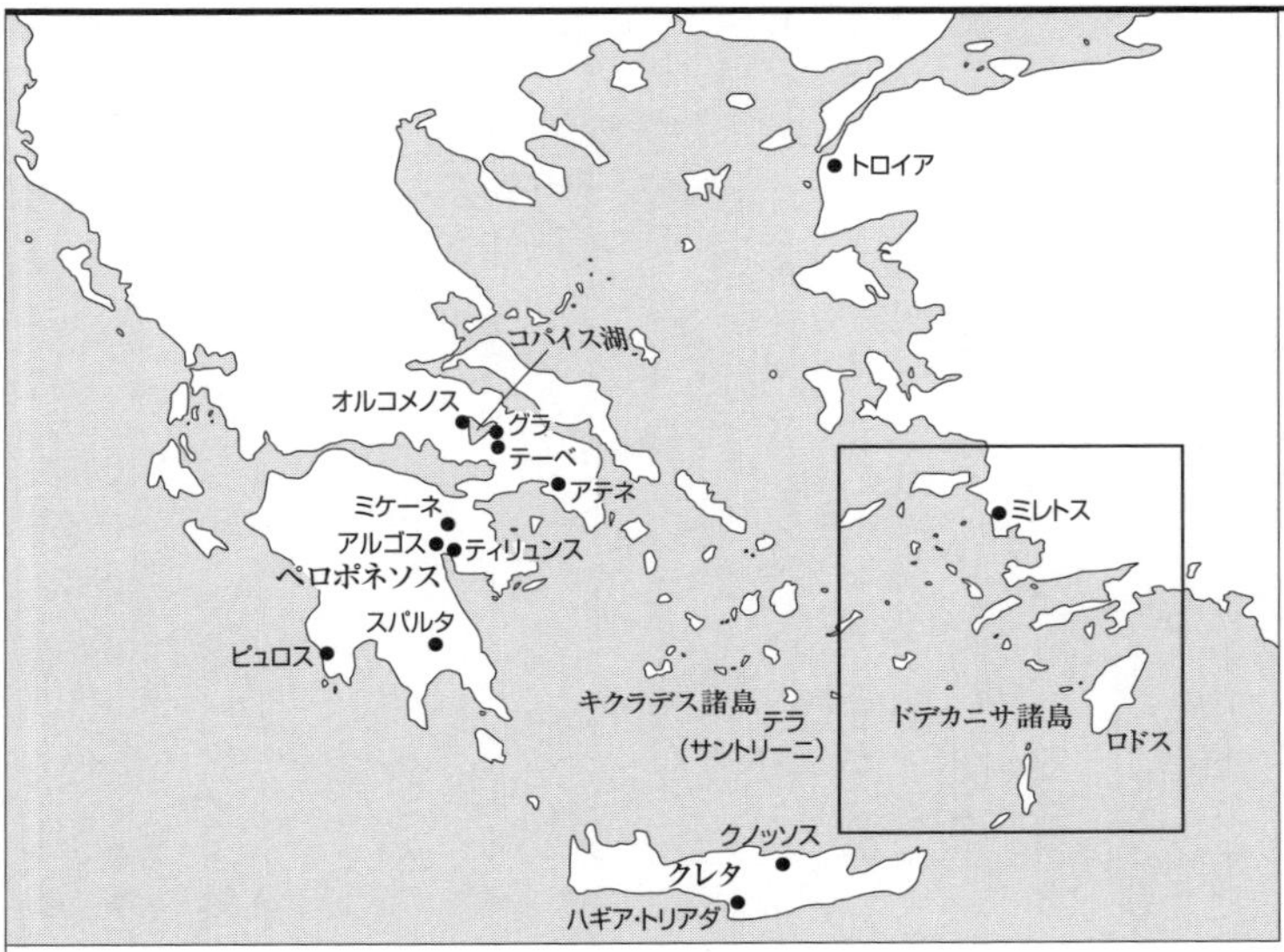

●──ミケーネ文明の遺物・遺跡出土分布

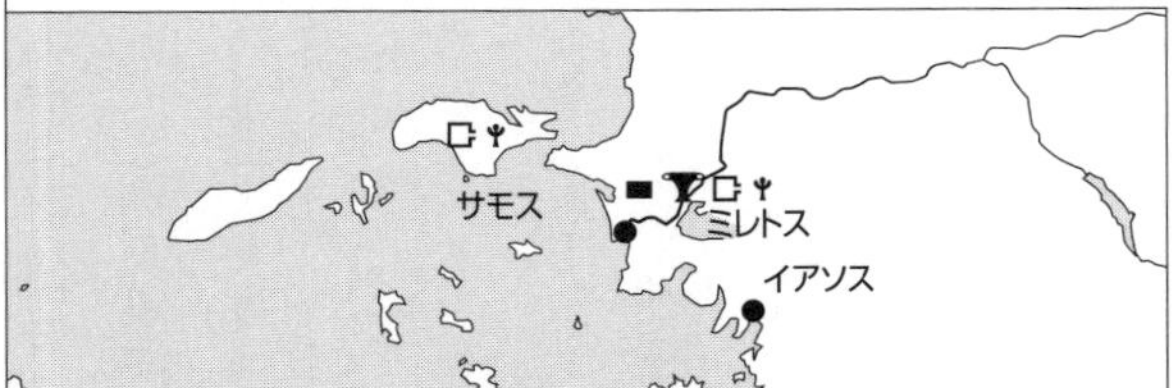

●──小アジア南東部におけるミケーネ文明の遺物・遺跡出土分布

ヒッタイト帝国地図

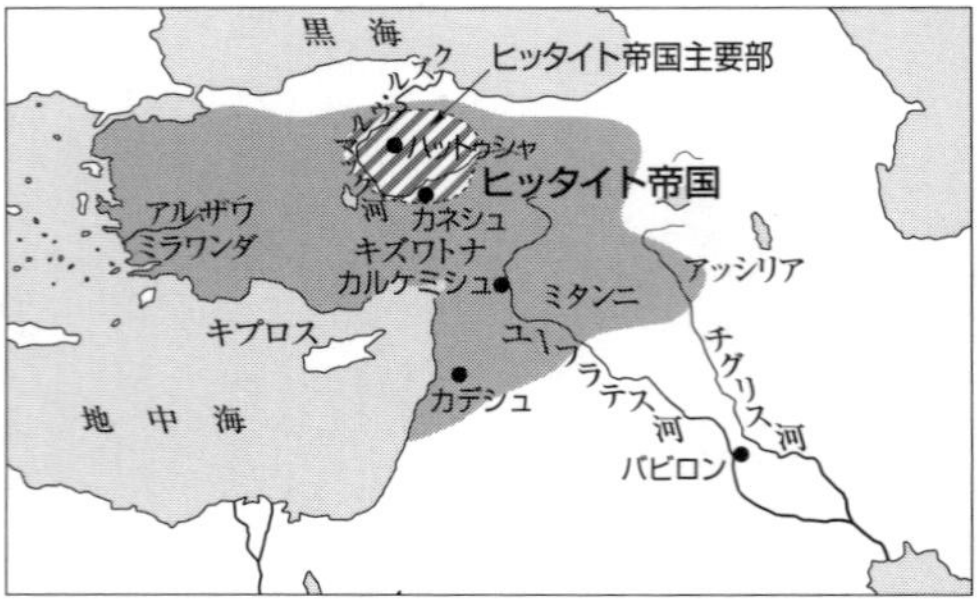

び、ヒッタイトの属国であるミラワンダ(ミラワタ)とアルザワがアッヒヤワと結んで離反した。この反乱はヒッタイトによってすばやく鎮圧されたが、ヒッタイトは、この地域におけるアッヒヤワの勢力圏をミラワンダに限定する条件で、ミラワンダにたいするアッヒヤワの支配権を認めたらしい。しかし、その後も小アジアのヒッタイト領にたいするアッヒヤワの干渉はやまなかったので、ヒッタイトは反撃に転じ、ミラワンダをアッヒヤワから奪回した。それ以後、アッヒヤワはヒッタイト史料から姿を消す。

　このアッヒヤワがミケーネ人とその支配領域、具体的にはミケーネ時代のギリシアを指しているらしいことは、一部に異論はあるものの、今日多くの学者が認めている。アッヒヤワがヒッタイトの史料にはじめて登場する紀元前十五世紀は、ミケーネ人の活動が東地中海地域全体で活発化しはじめた時期と一致しており、小アジア西岸でもこのころから土器などミケーネ人の活動の痕跡がふえはじめるからである。また、小アジア西岸におけるミケーネ人の最大の拠点であったミレトスがヒッタイト史料のミラワンダにあたることも、ほぼ疑いがない。ヒッタイトのムルシリ二世▲が軍を送ってミラワンダを占領・破壊した

▼**ムルシリ二世**　ヒッタイト新王国時代の王(紀元前十四世紀末)。

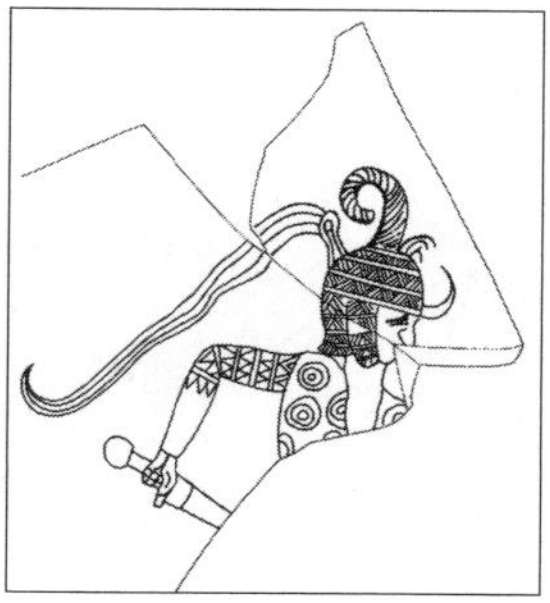
ハットゥシャのミケーネ人戦士

ミケーネ出土の戦車のレリーフ

のは、ヒッタイト史料によれば紀元前一三一六年ころのことと考えられるが、これは、ミケーネ時代のミレトスにみられる破壊層の年代（紀元前十四世紀）と符合している。

ヒッタイトとミケーネ人との接触を示唆する証拠は、ほかにもある。ヒッタイトの首都ハットゥシャ（現ボガズ・キョイ）で出土した紀元前一四〇〇年前後の鉢の破片には、特徴のある兜《かぶと》をかぶったミケーネ人の戦士と思われる人物の姿が描かれている。また、ミケーネでみつかった墓碑には戦車のレリーフが繰り返しあらわれ、竪穴墓の副葬品の一つである黄金の指輪にも戦車の意匠が見られるが、馬に牽《ひ》かせた二輪戦車は、この時代、ヒッタイトやエジプトなどオリエントの大国において軍事的に極めて重要な役割をはたしたばかりでなく、王の権威の象徴でもあった。

ミケーネ人が植民やヒッタイトの属国への接近をつうじて小アジア西岸へ勢力を広げようとしたおもな目的は、ミノア人の場合と同じく、ギリシアでは入手が困難な銅や馬などの威信財、それに奴隷を手にいれることにあったのだろう。ペロポネソス半島南西部のピュロスの宮殿でみつかった線文字B粘土板からは、小アジア西部の出身と思われる「ミレトスの女たち」「クニドスの女たち」「アジアの男」等々と表記された男女が、王国の支配下で、おそらく奴隷として家畜の世話や水汲み、糸紡ぎなどの労働に従事していたことがわかる。

ミケーネ文明にみるオリエントの影響

ミケーネ人が二輪戦車の主題をさかんに用いたことは、ミケーネ社会のエリートがオリエントにおける力や権威の象徴としての戦車の意味を知っていたことを思わせる。ミケーネ人は、もともとエジプトや西アジアの強い文化的影響のもとに形成されたミノア文明を多くの面で受け継いでいただけでなく、すでに述べたような交易・交流をつうじてもオリエントの影響にさらされていた。そのため、総じてミケーネ文明は、歴史時代のギリシアに比べて、オリエント文化の刻印をより強くおびている。

ミケーネ人の支配層がオリエント的な権威の象徴を取り入れた例は、ほかにもある。ミケーネの「アトレウスの宝庫」に代表されるトロス墓▲のような大規模な墳墓をいとなむという行為は、強大な権力をもつ支配者が君臨していたオ

▼トロス墓　ペロポネソス半島西部メッセニア地方で生まれた墳墓の様式。細長いエントランスをもつ入り口およびドームにおおわれた円形の主室（トロス）からなる半地下式の墳墓である。ただし、トロス墓をはじめとするミケーネ時代の大規模墳墓は一般に複数の被葬者のために造営されたものであり、ただ一人のファラオのために築かれたピラミッドのような王墓とは異なる。周藤芳幸は、被葬者が複数である点に、地域エリートによる集団的支配体制を読みとっている。

▼ポリス　初期鉄器時代末期に出現しはじめ、古典期には主流となったギリシアの国家形態。ふつう、城壁にかこまれた中心市（アステュ）とその周辺領域（コーラ）からなる。ローマ時代以前のギリシアは多数のポリスが分立する世界であり、その国制は地域・時代によって多様であった。

ミケーネ獅子門

ハットゥシャの城門

リエントには似つかわしいが、原則として市民間の平等をむねとしたポリス社会においては違和感がある。事実、ミケーネ文明滅亡後のギリシアでは、故人とその一族の権勢を誇示するような大がかりな葬儀や豪華な墳墓の建立は抑制されていくのである。また、ミケーネの城門を守る二頭のライオンの浮彫は、ハットゥシャの城門を守るライオン像を想起させる。ちなみに、ミケーネ人は、小アジア西岸のミレトスの城壁だけでなく、本土のミケーネやティリュンス、グラの宮殿をかこむ城壁を建設するにあたっても、ヒッタイトの石造建築技術を取り入れている。キクロペス様式と呼ばれる、巨石を用いたダイナミックな石組みがそれである。

　さらに、築城を別にすれば大規模な土木工事にはあまり手を染めなかった歴史時代のギリシア人と違って、ミケーネ人は運河の掘削やダムの建設といった大規模土木工事をかなり活発におこなったらしい。もっともよく知られている例は、ギリシア中部ボイオティアに広がるコパイス湖の干拓である。ギリシア内陸部の盆地は水はけが悪く、雨期には湖や沼沢地の様相を呈していた。コパイス湖は、そのようにしてできた広くて浅い湖である。

中期青銅器時代には、コパイス湖周辺の集落は、周囲に堤防をめぐらすことで雨期に耕作地が冠水するのを防いでいたが、ミケーネ時代になると、コパイス湖北辺を二五キロにわたって貫流する大規模な運河が掘削され、西のケフィソス川から流入する水が運河によって排水された結果、肥沃な耕作地がつくられた。中期青銅器時代の堤防工事が各集落を主体としておこなわれたのにたいして、運河掘削の主体となったのは、湖岸に位置し大規模なトロス墓、通称「ミニュアスの宝庫」によって知られるオルコメノスであった。叙事詩に詠われたオルコメノスの富は、干拓によって造成された広大な沃野に支えられていたのである。この事例は、ナイルやティグリス・ユーフラテスなどの大河の沖積平野に興り、治水灌漑を目的とする大土木工事を契機として強大な専制国家を形成したとされるオリエントの古代文明を彷彿させる。

ギリシア青銅器時代の終焉

紀元前二千年紀前半以来、活発な交易活動と文化的交流によって殷賑《いんしん》を極めた青銅器時代の東地中海世界は、紀元前十三世紀末から前十二世紀初めにかけて、深刻な政治的・経済的混乱と停滞を経験する。その原因ははっきりしないが、東地中海世界の諸国をたがいに結びつけていた政治的・経済的ネットワークの緊密さが災いして、なんらかの危機が連鎖的な崩壊を引き起こしたのではないかと考えられている。

この混乱と停滞の影響は、いわゆる「海の民」▲に代表される民族移動の波となってあらわれた。ギリシア、小アジア西岸、キプロス、シリア、エジプトなどの東地中海沿岸があいついで攻撃を受け、ウガリト、さらには強大なヒッタイトまでもが、姿を消していった。ギリシアでも、ミケーネ、ピュロスをはじめとする各地の宮殿が炎上した。このときを境に、東地中海世界は徐々に新しい時代にはいっていく。初期鉄器時代の始まりである。

▼**海の民**　紀元前十三世紀から前十二世紀にかけて、ギリシア、エジプト、シリア・パレスティナ、小アジアなど東地中海のほぼ全域で活動した混成民族集団。その実体・原住地は、よくわかっていない。「海の民」という呼称は、同時代のエジプト人による。

②―東西交流の断絶と連続

復活の予感――ギリシア人の小アジア植民

紀元前十一世紀後半にはいると、まずアテネで原幾何学様式と呼ばれるタイプの土器があらわれて新しい文化の息吹が感じられるようになり、続く紀元前十～前九世紀にはギリシアの他の地方でも経済的・文化的復興の兆しがみられる。

ギリシア人がミケーネ諸王国の崩壊後ふたたび海外へ進出しはじめるのは、このころのことである。これは紀元前八世紀に始まる大植民活動の先触れをなす動きであり、移住先としては小アジア西岸がとりわけ重要である。植民市のあるものはミケーネ時代のコロニーを継承し、あるものは新しく建設された。これらの植民市群は、のちに自ら母市《メトロポリス》として各地に新たな植民市を生み出していくことになる。

ミレトスのミケーネ人コロニーが前十一世紀前後に最終的に破壊されたあと、居住の断絶があったのかどうかははっきりしないが、破壊層の上からは亜ミケ

●亜ミケーネ様式

●原幾何学様式

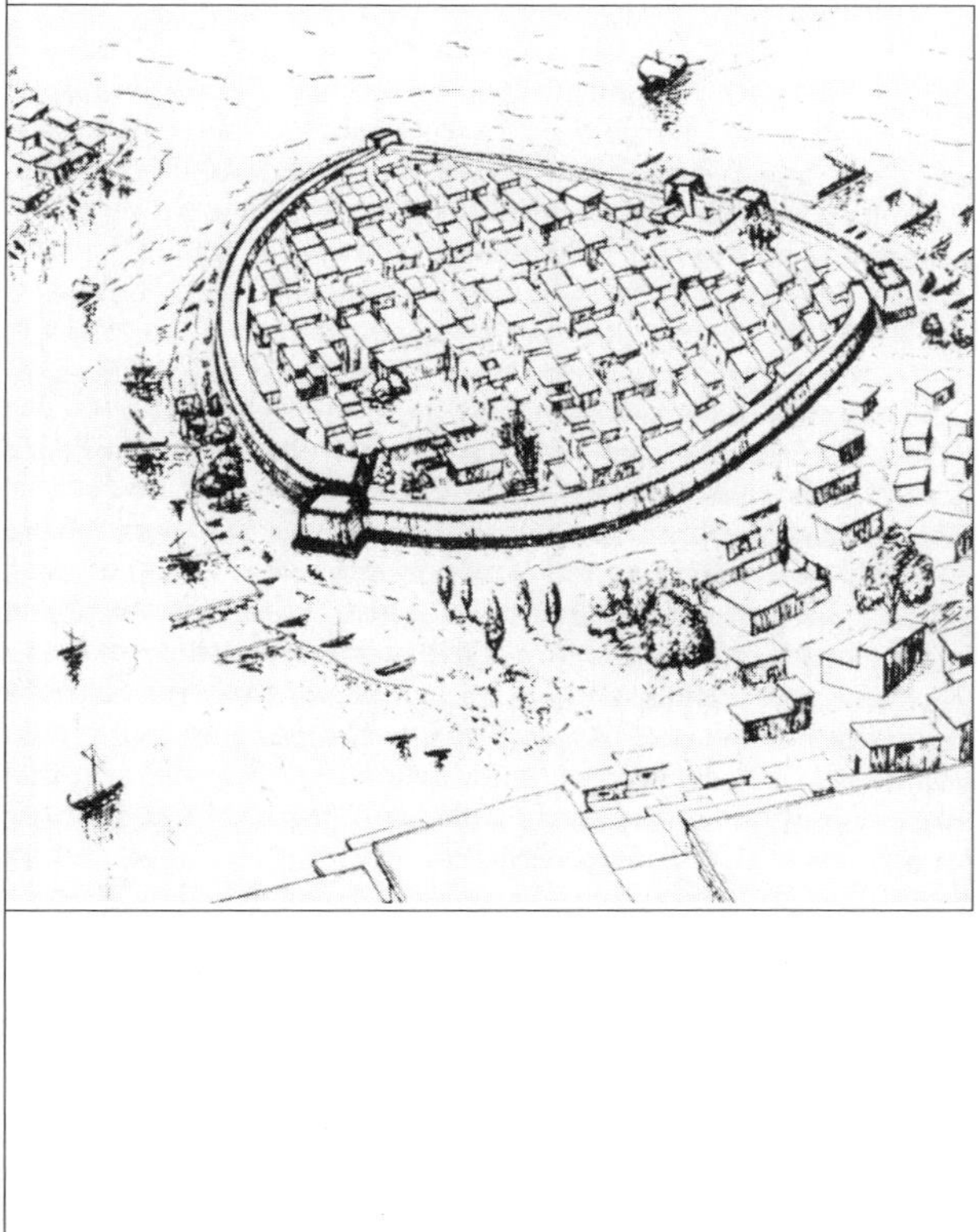

●**古スミュルナ**　ヘレニズム時代に新たに建設された同名の都市と区別してこのように呼ばれる。現在のイズミール。

▼亜ミケーネ期、原幾何学様式期
亜ミケーネ期と原幾何学様式期はミケーネ時代と幾何学様式期のあいだにあたる、土器の様式を基準とする考古学上の時代区分。通説的には、亜ミケーネ期は前一一〇〇~前一〇五〇年ころ、原幾何学様式期は前一〇五〇~前九〇〇年ころ。

ーネ期、原幾何学様式期▲の土器片が出土している。これらの土器がアッティカとの密接な関係を示していることから、アテネ王コドロスの息子ネレウスによるミレトス建設という伝承と関連づけて、ミレトスの再建がアテネ・イオニア系移住者によっておこなわれたとする説もある。

ロドス、コス両島を中心とするドデカニサ諸島では、ミケーネ時代の墳墓やコロニーはいったん放棄されたが、おそらく紀元前十世紀末までに原幾何学様式土器を用いる人びとによってふたたび居住されるようになり、その後は順調に人口がふえていったらしい。同じくミケーネ時代のコロニーのあったサモスでも、さほど長い断絶をへることなくギリシア人の居住が続いたようである。原幾何学様式土器や初期の幾何学様式土器(紀元前九世紀)の出土が報告されている。

この時期に、はじめて基礎がおかれた植民市のなかで、もっともよく知られているのは、古スミュルナである。これは、おそらく紀元前一〇〇〇年ころにこの地へやってきたギリシア人によって創設され、紀元前九~前八世紀には堅固な城壁を備えた強力な都市に発展していた。

紀元前八世紀後半には、オリエント世界の統一を成しとげつつあったアッシリアの史料に、はじめてギリシア人らしい人びとへの言及があらわれる。それは、フェニキアのシドンとティルスをおさめるアッシリアの総督が、紀元前七三八年よりもあとに「ヤワナ」の襲撃にかんして書き送った報告である。この「ヤワナ」は、小アジア沿岸かキプロスに定着したギリシア人のことではないかと考えられている。キプロスに住むギリシア人は総じてアッシリアの宗主権を認めており、双方向的な交流が進んでいた。

アル・ミナとシリア・パレスティナのギリシア人

ミケーネ文明滅亡後、ギリシア人がオリエントとの交流を本格的に再開したことを示す、もっとも古く、もっとも有名な遺跡は、シリア北部を流れて地中海へそそぐ、オロンテス川の河口で発見されたアル・ミナである。一九三六〜三七年にかけてこの遺跡の調査にあたったウーリー▲は、アル・ミナを青銅器時代のアララハ王国▲の外港に遡る都市ではないかと考えたが、いずれにせよ、オロンテス川の流路の変化のせいで、ウーリーの調査時には遺跡の大半が流失し

▼C・L・ウーリー（一八八〇〜一九六〇）　バビロニアの都市ウルの発掘で知られるイギリスの考古学者。

▼アララハ王国　紀元前二千年紀の北シリアにあった王国で、紀元前十三世紀末に滅亡。出土した紀元前十八〜前十七世紀の粘土板からは、この国が東地中海地域とメソポタミアを結ぶ商業上の拠点であったことが知られる。

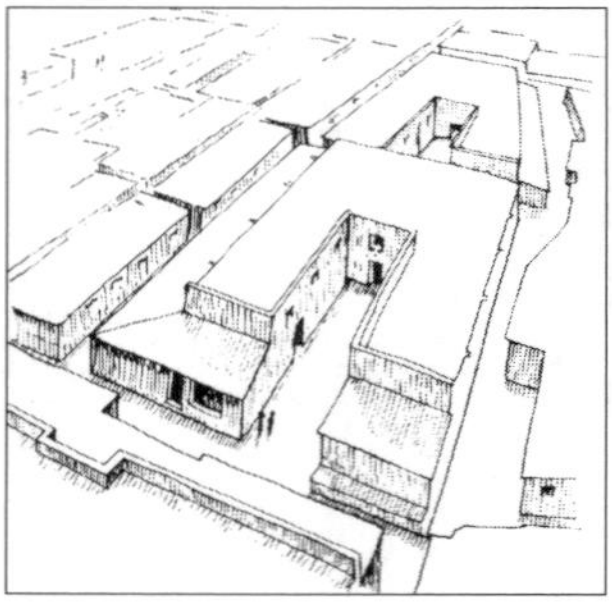
アル・ミナの倉庫地区の復元図

てしまっており、かつての都市のうちわずかに残った地区では、紀元前八世紀の層がもっとも古い。

ギリシア人は、遅くとも初期鉄器時代末までには、この地へ進出していた。内陸のサブーニの遺跡で出土したミケーネ式土器はミケーネ時代のギリシアとの接触を思わせるが、アル・ミナ遺跡そのものにはミケーネ時代の層が残っていないので、はっきりしたことはいえない。ともあれ、メソポタミアから地中海にいたるキャラバン・ルートの玄関口として機能していたこの都市に、紀元前八〇〇年ころまでにギリシア人が姿をあらわしていたことはまちがいない。彼らは、ここをシリア・パレスティナでの交易拠点として利用するようになったものらしい。

現存するアル・ミナ遺跡の初期の歴史は、中断をはさんで、紀元前七〇〇年ころまでの第一期と、紀元前六〇〇年ころまでの第二期とに分けられる。第一期にこの市を訪れていたギリシア人はもっぱらエウボイア人とキクラデス諸島の住民であったことが、土器からみてとれる。とりわけエウボイアとの関係は緊密だったらしく、エウボイア土器の出土数は他を圧している。アル・ミナのエウボイア人がなにを取引していたのかはよくわからないが、青銅器時代と同じく、ギリシア人がオリエントに求めたもっとも重要な物資の一つが、鉄や銅などの金属であったことは疑いがない。

アル・ミナはオリエント各地の文化がまじわる結節点であった。この都市は、南からはアラム、フェニキア、エジプト文化の、北からはヒッタイトの流れを汲む小アジア文化の影響にさらされており、さらに北東の内陸には金属資源に富むウラルトゥがあった。また東からは、当時アッシリアの支配下にあったメソポタミアの文化がキャラバン・ルートをつうじて流れ込んでいた。

アル・ミナは、決してギリシア人の植民市ではなかった。むしろ、ここの住民のなかでギリシア人は少数派であり、完全にシリア風の街のプランや出土する土器からは、フェニキア人、ギリシア人その他の外来者が地元のシリア人と混住する、コスモポリタンな港町のイメージが浮かび上がってくる。紀元前八世紀には、ギリシア製品以外の土器のほとんどをキプロス風のものが占めているので、そのころにはかなりの数のキプロス人も住んでいたようである。すでに述べたように、キプロスは、もともと青銅器時代からシリア・パレスティナとのつながりが深かった島だが、遅くとも紀元前九世紀までにフェニキア人がキティオンに植民地を築いてからというもの、地中海東岸との関係はいっそう緊密になったことであろう。

第二次世界大戦後、アル・ミナの南方に連なるテル・スカス、ラス・エル・バシト、ティルスなどの遺跡でも、幾何学様式期のギリシア土器、ギリシア語の引っ掻き文字(グラフィティ)▲、ギリシア風神殿などがみつかっており、北シリアだけでなくフェニキアにもギリシア人が訪れていたことが明らかになってきた。これらのギリシア土器が、出土する土器全体のなかに占める比率はわずかだが、ティルスで紀元前十世紀に遡るエウボイア土器がみつかったこともあって、シリア・パレスティナとギリシアとの接触がこれまで考えられてきたよりも早くに始まっていた可能性を示すものとして注目されている。

フェニキア人との出会い

以上のようなギリシア人の東方進出とともに、ブルケルト▲の表現を借りれば「東方化革命」、すなわち古代オリエント文化の強い影響のもとに起こったギリ

▼グラフィティ　ノミなどで刻む正式の碑文にたいして、鉄筆などの固いもので引っ掻いて文字を書き記した粗製の碑文。「落書き」と訳すこともある。

▼W・ブルケルト(一九三一〜二〇一五)　チューリヒ大学名誉教授。専門はギリシア宗教学・神話学。主著の一つに『東方化革命』(一九九二年)がある。

シアの文化的躍進の背景をなす動きとして注目されているのが、オリエント文化の媒介者としての海洋商業民フェニキア人▲の役割である。紀元前十三世紀末の動乱によって北のヒッタイトが滅び、南のエジプトの力も弱まった結果、紀元前十二世紀から前九世紀にかけて、シリア・パレスティナ地方には一種の政治的空白が生じた。その間隙を縫うようにして台頭したのが、シドン、ティルスをはじめとするフェニキア人の諸都市であった。彼らは、キプロス、クレタをはじめ東地中海各地に進出しただけでなく、遠くジブラルタル海峡にいたる西地中海一帯にも交易網を広げた。

　ホメロスの叙事詩に登場するフェニキア人は、ときには人さらいもはたらく練達の船乗り・狡猾な商売人であると同時に、王侯たちの宝庫の奥深く秘蔵され、ときに友誼《ゆうぎ》のしるしとしてやりとりされる精巧な工芸品をつくる腕ききの職人でもある。

　英雄オデュッセウスの忠実な従者で、幼いころフェニキア人にさらわれて奴隷に売られたエウマイオスの身の上話に登場するフェニキア人は、

　さてこの島へ、船乗りとして名高い、フェニキア人たちがやってきた。強

▼フェニキア人　現在のレバノン共和国にあたる地方にいた人びと。沿岸部にシドン、ティルス、ビブロスなど複数の都市国家をいとなんでいた。

欲な連中だが、さまざまな小間物を黒船に積んできたのだ。（松平千秋訳『オデュッセイア』）

ギリシア最強の英雄アキレウスが、親友パトロクロスの葬送競技の賞品としてフェニキアの都市シドンでつくられた混酒器《クラテル》を提供する場面では、ペレウスの子は早速次の走り競べの賞品を置く。見事な造りの銀製の混酒器で、その容量は六メトロン、手工に秀でたシドン人が丹精こめて仕上げたもので、その美しさは地上あまねく他に比類のない名品であった。（松平千秋訳『イリアス』）

ホメロス叙事詩が形成された初期鉄器時代においてフェニキア人がはたした役割にたいする評価は、十九世紀以来紆余曲折をへてきた。十九世紀には、ホメロスの記述や、フェニキア人たちが古い時代にギリシア各地に植民したというヘロドトス▲をはじめとする古典作家たちの伝承がほとんど無批判に採用され、ミケーネ時代から「東方化革命」の時代まで、ギリシアの物質文化にみられるオリエント的要素はなにもかもフェニキア人がもたらしたものと考えられがちであった。

▼**ヘロドトス**　紀元前五世紀に活躍した、小アジア南西部ハリカルナッソス出身の歴史家。「歴史の父」とも呼ばれる。

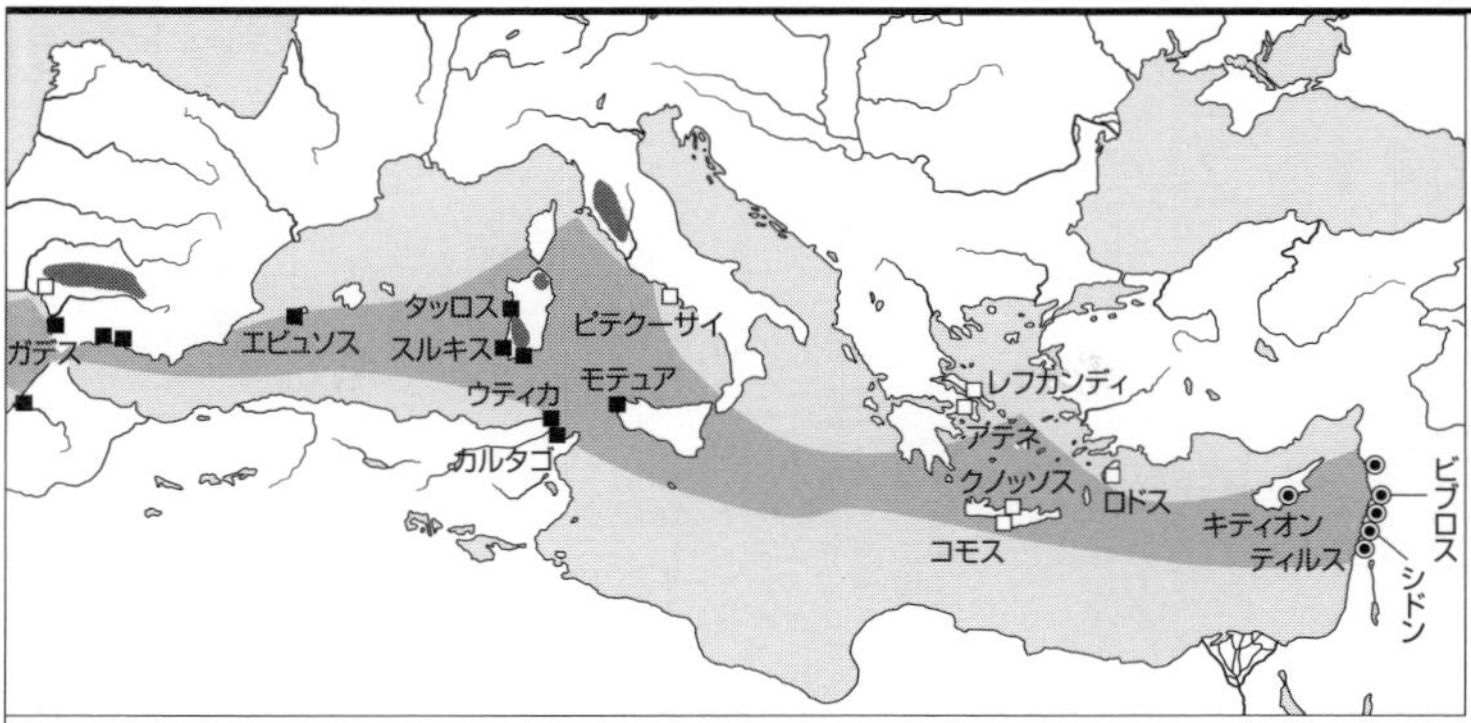

●――**フェニキア人の発展**

●――**混酒器**　ブドウ酒に水をまぜるための器。古代ギリシア人にはブドウ酒を水で割って飲む習慣があった。

しかし、二十世紀にはいると、古典史料のいうフェニキア人の「植民」の考古学的な証拠がほとんどみつからなかったこともあって、オリエント文化の媒介者としてのフェニキア人の評価は急速に下がり、今度はほとんど無視されるようになってしまった。一九三〇年代にアル・ミナが発見され、紀元前八世紀に遡るギリシア人のシリア・パレスティナへの進出が知られるようになったことも、フェニキア人の役割にたいする否定的な評価を増幅させた。初期鉄器時代末期に、ギリシアの門戸をオリエント文化にたいしてふたたび押し開いた功績は、もっぱら、シリア・パレスティナへ赴いたエウボイア人をはじめとするギリシア人たちに帰されることになった。

ところがその後、アテネ、エウボイア、クレタ、コスなどギリシア各地で、紀元前九世紀半ば以前に遡るフェニキア人との接触を思わせる遺物があいついでみつかり、初期鉄器時代の東地中海交易におけるフェニキア人の役割を再評価しようとする動きがでてきた。紀元前九世紀は、キプロスのキティオンに最初の海外拠点を築いたフェニキア人が、まさに西地中海地域へと大きく飛躍しようとしていた時期にあたっており、コスを含むドデカニサ諸島とクレタは、

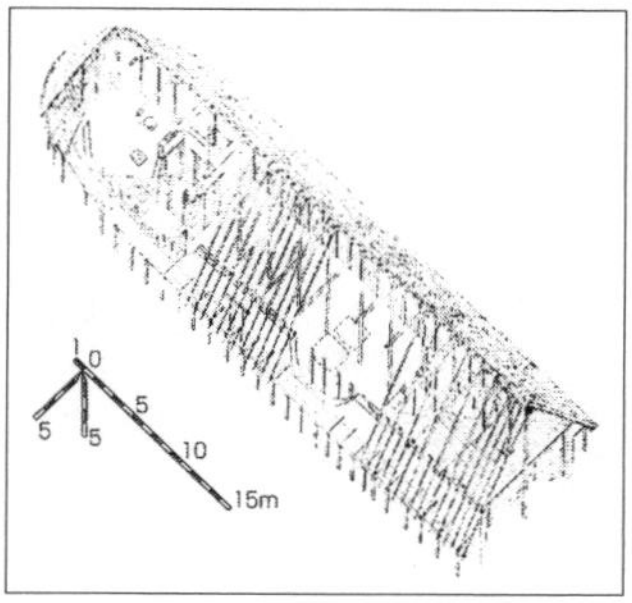

レフカンディ、トゥンバの「英雄廟」復元図

フェニキアからエーゲ海へ、さらには西地中海方面へ向かう航路上に位置している。

アテネでは、中心市西部に広がる墓域ケラメイコスの貴族の墓から出土したシリア・フェニキア式の青銅鉢、アレイオスパゴスの丘の北斜面で発見された裕福な婦人の墓をいろどる豊かな副葬品に含まれていた、フェニキア製のビーズやファイアンス細工のネックレスが、フェニキア人との交流を示唆している。

ギリシア人の到来以前から人が住んでいたエウボイアのレフカンディには、ギリシアの初期鉄器時代研究に大きな影響を与えた極めて重要な遺跡群があり、それらの遺跡は、オリエントとの交流にかかわる出土物の点でも圧倒的な豊かさを誇っている。レフカンディの遺跡の一つトゥンバでは、「英雄廟」と通称される紀元前十世紀の大規模な建築物の遺構が発掘されたが、そこに埋葬されていた男性の遺骨をおさめた青銅製の壺は、紀元前十三〜前十二世紀にキプロスでつくられたものであり、女性の被葬者とともに埋められていた金の装身具は、古バビロニアの製品であった。

年代的にややくだった(紀元前九〇〇〜前八五〇年頃)トゥンバの別の墳墓(七

九号)からは、紀元前一八〇〇年ころに北シリアでつくられた小型印章に加えて、キプロス製、フェニキア製の土器が出土した。トゥンバの他の墳墓(二二、二七、三一、三二、三六号墓)からも、エジプト・フェニキア風のファイアンス細工のビーズ、小像、印章、金製品などが多数見つかっている。それらの多くは、レフカンディが放棄される直前の紀元前八六〇〜前八三〇年ころのものである。

ギリシア人のアル・ミナへの進出に先だつ以上の証拠は、初期鉄器時代の東地中海交易におけるフェニキア人の主導的な役割を示唆するものであるが、この問題は、なお今後の調査と研究の進展に待つ部分が大きい。例えば、レフカンディのトゥンバ七九号墓で秤と分銅が出土したことは、ギリシア人の被葬者自身が東方交易にかかわっていたことを思わせる。また、すでに述べたように、近年、シリア・パレスティナで紀元前九世紀以前の古いギリシア土器があいついでみつかり、地中海東岸へのギリシア人到来はこれまで考えられていたよりも早い時期に遡る可能性がでてきている。

テッケの青銅鉢

東方の遍歴職人たち

地理的にシリア・パレスティナに近く、フェニキア系植民市キティオンのあるキプロスとも関係の深かった初期鉄器時代のクレタでは、交易上の一時的な接触にとどまらず、フェニキア人が長期にわたって滞在していた形跡が見られる。クノッソスの北方テッケの墓域にある墳墓Jから出土した青銅の鉢は、フェニキア人がギリシアに残した最古の痕跡の一つであるが、注目すべきことに、この鉢には「某の子某の鉢」と読めるフェニキア語の碑文があり、字体の特徴と考古学的状況にもとづくその年代は、紀元前九〇〇年ころに遡る。刻文の内容からみて、これはたんなる輸入品ではなく、在留フェニキア人の所有物《もちもの》だったと考えられている。つまり、紀元前十世紀末という非常に早い時期にフェニキア人がクノッソスに住んでいたことを、この青銅鉢は示唆しているのである。

事実、地中海東岸から西地中海方面へ航海するさいの中継地として都合のよい位置にあるクレタへは、フェニキア人が早くから頻繁に訪れていたようである。クレタ中部の南海岸に青銅器時代に開けた港町コンモスには、紀元前八〇〇年ころ、三本の小さな石柱を祀った特徴ある神殿が建てられた。石柱を祀る

金製ペンダント　テッケ出土。

という祭祀様式は、とりわけシリアとフェニキアに顕著なものである。また、神殿Bと呼ばれるこの神殿だけでなく、それに先行する神殿A（紀元前八七五～前八〇〇年頃）の層からも、フェニキア土器やエジプト製の小神像といったオリエント色の強い奉納物が出土している。発掘者は、この神殿を、西地中海の植民地へ向かう途中でコンモスの港に立ち寄っていたフェニキア人とつながりの深い聖域とみている。

じつは、フェニキア人は、オリエント文化の伝播において、たんに東方の製品を運ぶ交易者として以上に大きな役割をはたしていた。イギリスの一部の考古学者たちは、ギリシアへ移住したオリエントの職人が地元民に東方の技芸を伝授するのに一役買っていたと考えている。その根拠の一つが、クレタのテッケの墓域でみつかったフェニキア風墳墓である。この墓は、同じ墓域にある墳墓Jの青銅鉢よりも数十年くだった紀元前九世紀後半のもので、副葬品として、オリエント風の装身具のほかに細工物の材料らしい未加工の金銀がみつかった。このことは、墓の主がフェニキアからきた金細工師であったことをうかがわせる。

青銅製「タンバリン」　イダ出土。

青銅製「盾」　イダ出土。

彼のようにギリシアに住みついた東方の職人の姿は、この時代、クレタだけでなくアッティカやエウボイアなど、ギリシア各地で目にすることができたに違いない。地中海東岸からきた職人たちのエーゲ海地域への移住には、紀元前九〜前八世紀にかけてシリア・パレスティナの諸国を圧迫していた軍事大国アッシリアの脅威から逃れるという側面もあったようである。

　このような移住職人の手になる代表的な作品として、クレタの最高峰イダ山中にあるゼウスの聖域に奉納された青銅製「タンバリン」(紀元前八世紀)があげられる。北シリアの職人の作と思われるこの「タンバリン」には、ライオンを差し上げた神をはさんで有翼の二人の人物がシンバルを打ち鳴らしている浮彫がある。様式はオリエント風であるが、主題は、この地に身をひそめていた乳児ゼウスの泣き声を父親のクロノスからかくすため従者たちが盾を(おそらくシンバルも)打ち鳴らしたという、地元クレタの伝説に取材している。やはりイダの聖域で発見された、類似の様式をもつ青銅製の「盾」(紀元前八世紀)もまた、ギリシア在住のオリエント系職人の手になる最古の作品の一つである。

　一九八〇年代から始まった発掘によって同じような「盾」が出土した、クレタ北東部エレウテルナの墓域オルシ・ペトラからは、西地中海域におけるフェニキア人の勢力圏でみつかっているものと同じタイプの墓標が三個発見された。この墓域は、紀元前九世紀から前六世紀まで使われていたと推測されている。これらの墓標は、フェニキア人が初期鉄器時代末期にエレウテルナに定住していたことを強く示唆する重要な証拠といえる。ここに葬られたフェニキア人たちは、青銅製「盾」を製作した金属細工師であったかもしれない。

ホメロスの叙事詩にみられる、フェニキア人の優れた技芸にたいする賛辞には、身近にいた異国の職人にたいしてギリシア人たちがいだいた賛嘆の念がこだましているのではなかろうか。地元の社会にとけ込んで人びととまじわり、ギリシア人の弟子たちの手をとって技術を伝授した彼らの活動は、オリエント文化のギリシアへの伝播において、たんなる製品の輸入とは比べものにならないほど大きな影響を残した。それは、紀元前八〜前七世紀に起こったギリシア文化史上の一大転機としての「東方化革命」の基礎となったのである。

③—光は東方から——「東方化革命」の時代

美術・工芸における東方化様式

美術と工芸における「東方化」は、すでに言及した金属工芸を別にすれば、土器と彫刻の二つの分野でとくに顕著である。これに建築を加えた各分野での東方化を起爆剤とする紀元前七世紀のギリシア美術の新たな展開が、前古典期の成熟をへて古典期の開花を準備することになる。

紀元前八世紀になると、初期鉄器時代をつうじてギリシア土器を特徴づけてきた幾何学様式が、金属工芸の分野でみられたと同様に、より写実的でオリエント風かつエキゾティックな動・植物、人間の織りなす文様にとってかわられる。これを東方化様式と呼んでいる。東方化様式には、その中心となったコリントスとアテネをはじめとする地方色が強いが、一般的にはつぎのような傾向が指摘できる。

東方化様式に多用された動物文様には、ライオン、ヒョウ、ニワトリなど実在の動物のほか、スフィンクス、グリフィン、シレノス、ゴルゴンといった空

東方化様式の壺（オルペ）　コリントス、紀元前七世紀後半。平山郁夫シルクロード美術館蔵。

▼**ロータスとパルメット**　ロータスは古代エジプトのスイレンをかたどった文様。パルメットはロータス文様から発達した植物文様で、二本に分かれた渦巻の分岐点を中心に扇形に開いたかたちをしており、のちの唐草文様の基礎となった。図はパルメット文様。

想上の動物があらわれる。こうした動物像は、二頭が向き合う対偶文や動物が連なる獣帯文のような構図をとることが多い。植物文様としては、これも東方起源のロータスとパルメット▲が代表的である。さらに目を引くのは、神話や叙事詩を主題とする叙述的な情景がさかんに描かれることである。そこで活躍する人物像は、もはや幾何学様式のようなシルエットではなく、目・口・鼻などの造作や筋肉を線描で表現した、いきいきと精彩に富む英雄たちや神々である。

　土器と同じく彫刻の分野でも、東方的な動植物が主題として取り入れられるようになってきた。ライオンやグリフィンのように、すでに青銅器時代にギリシアに伝わっていた主題も、オリエントのモデルをもとにあらためてデザインしなおされた。例えば、この時代にサモスのヘラ神殿《ヘライオン》に奉納された青銅釜をかざるグリフィン頭のデザインは、ミノア・ミケーネ時代のグリフィンとは違っていて、むしろ同時代の新ヒッタイト諸国やアッシリア、シリア・パレスティナの美術にみられるグリフィンに似た特徴が目につく。しかし、彫刻の分野において「東方化」時代に革新的な変化をみせたのは、なによりも人体彫像であった。

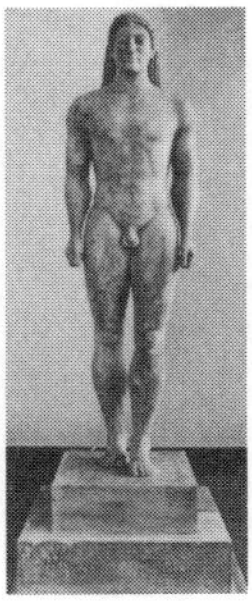
クーロス

エジプトの立像

紀元前七世紀のなかごろ、大理石など硬質の石材を用いた等身大に近い大型彫刻が制作されはじめた。この分野でギリシア人にインスピレーションを与えたのは、エジプトの大型石造彫刻であった。エジプト人は彫像の素材として花《か》崗《こう》岩や玄武《げんぶ》岩を好んだが、ギリシア人は、エジプトの技術に学びながらも、素材は手近にある大理石を選んだ。

この時代にギリシア人がつくりはじめた人体彫像にはいくつかのタイプがあるが、そのなかでもっともエジプト彫刻の影響が明らかなのは、クーロスと呼ばれる若い男性の立像である。拳を握った両腕を体側にそってまっすぐにおろし、片足を一歩踏み出して直立した姿勢を特徴とするクーロスは、全裸であること、支柱が除かれていることなどを除けば、エジプトのモデルに極めて忠実である。

エジプト彫刻の影響は人体彫像にかぎられない。デロス島のアポロン神殿にナクソス人が奉納したライオンの列像が、カルナック神殿の参道を典型とするエジプトモデルの引用であることは、素人目にも明らかだろう。

石造彫刻以上に重要なのは、古典期以降ギリシアの人体彫刻の主流となった、

デロス島アポロン神殿

カルナック神殿参道

等身大をこえる大型青銅像の製造技術が、同じくこの時代に、おそらくエジプトからもたらされたことである。幾何学様式期の青銅像は一体鋳造だったので小像をつくるのが精一杯だったが、像の手足・頭・胴体をそれぞれ別個に鋳造してから接合するという新しい技術のおかげで、ずっと大型の青銅像をつくることができるようになったのである。

しかも、今日でも使われている、失蠟鋳造法(ロストワックス法)と呼ばれる方法によって、中空の像がつくれるようになったので、大型像であっても素材金属を大幅に節約し、しかも軽くつくることができた。有名な「デルフォイの御者」のような作品の製作は、このような技術があってはじめて可能になったのである。

ちなみに、紀元前五〜前三世紀のボイオティアとアッティカで大量につくられたタナグラ人形にみられる、鋳型を用いた粘土製人形の量産技術は、メソポタミアとシリアからはいってきた。この技術のギリシア最古の実例は、紀元前七世紀初頭のコリントスとクレタ島のゴルテュンにある。

建築における東方化様式

建築も、青銅器時代以来、ギリシアの物質文化がオリエント文化の刻印を強くおびている分野である。前古典期以後のギリシア建築の技術的発達は圧倒的に公共建築物の分野にあらわれ、なかでもめだつのが神殿建築の発達である。「東方化」の影響がもっとも明瞭にみてとれるのが神殿建築であることも、この分野の先進性を示している。紀元前九~前八世紀になると、デルフォイなどの重要な神域が通常の空間とは区別された祭儀空間として確定されるが、神像をおさめる建物としての神殿が建設されるようになるのは、紀元前八世紀にはいってからである。

この世紀の前半に建設されたと思われるサモスのヘラ第一神殿は、のちのギリシア神殿建築の最大の特徴である柱廊をもつ最古の神殿遺構である。この神殿は、壁は石造だが柱は木製、屋根は草・土で葺《ふ》かれていた。くだって紀元前六三〇年ころにギリシア北西部アイトリアのテルモンに建てられたアポロン神殿も、木製の柱廊を備えていた。これら初期の神殿建築は、のちの柱廊式石造神殿のさきがけをなすものである。ギリシアの神殿建築は紀元前七世紀に爆発的な発達をみせる。柱廊式石造神殿の祖型ともいうべきドーリス式柱廊が完成するのも、このころのことである。

ギリシアの石造神殿建築のモデルとなったのは、ミケーネ文明や西アジアよりもむしろ、エジプトの建築だったと考えられている。それは、ミケーネ時代の大規模石造建築の伝統や技術の継承が初期鉄器時代のあいだにほぼとだえており、また、地中海東岸を訪れるようになったギリシア人がいち早く接触を深めた西アジアの建築は、石材よりも日干し煉瓦《れんが》と木材を主たる素材としていたからである。その一方で、傭兵としての出稼ぎやナウクラティスの建設をきっかけとして、紀元前七世紀なかごろからエジプトとの直接交流を再開したギリシア人たちが、そこで目にした壮大な石造神殿に強い印象を受けたことはまちがいなかろう。

事実、テーベ西岸のデル・エル・バハリに残るハトシェプスト女王葬祭神殿のアヌビスの祭室柱廊のようなエジプトのモデルと、初期のドーリス式柱廊とのあいだには、多くの類似点がみてとれる。細部に目を向けるなら、例えばドーリス式の柱は、上に向かって先太りになっていたミケーネ時代の円柱とは違っ

●サモスのヘラ第二神殿　第一神殿のあとに建設されたもの。柱は依然として木製である。

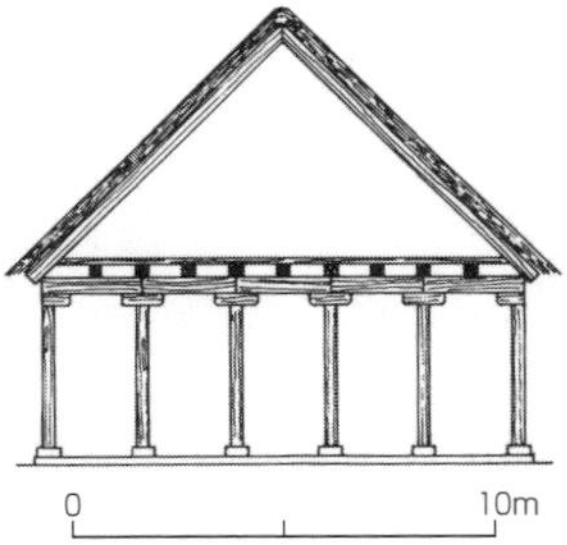

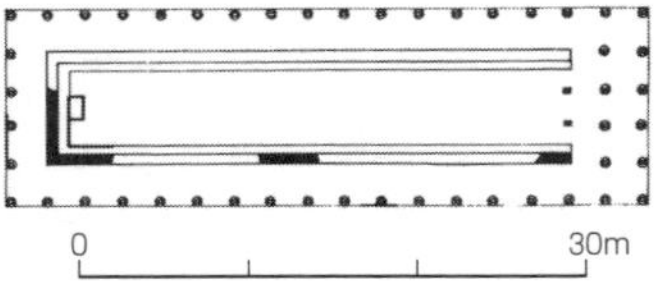

●ハトシェプスト女王葬祭神殿アヌビス祭室柱廊

●ドーリス式柱廊

て、エジプトの円柱と同じように先細りになっており、円柱に刻まれた飾り溝《フルート》の数もエジプトで一般的な一六本であった。また、荒削りの状態で壁や柱を組み上げたあとで石材の表面に仕上げをほどこすという仕上げの方法も、エジプト建築から学びとられたものである。

宗教と祭儀における東方の影響

神殿建築という宗教生活の物質的側面だけでなく、宗教的な儀礼＝祭儀という宗教生活のいわばソフトの面でも、ギリシア人がオリエントに負っている部分は小さくない。可視的・具体的な行為としての祭儀は、聖書やコーランに相当する聖典をもたなかったギリシア人の宗教生活の中核をなすものであった。

なかでももっとも重要な儀礼は供犠《くぎ》である。供犠には、対象となる神格や地域・時代による多様性が顕著な一方、生贄《いけにえ》動物の屠殺《とさつ》をともなうかたちと、菓子や乳などを供して流血をともなわないかたち、供物を完全に焼きつくす燔祭《はんさい》と、逆に供物のほとんどを供犠参加者が共食するかたち、といった基本的な形式は、ギリシア全土でほぼ共通している。ギリシアの供犠のこのような基本的形式が、ヘブライ人をはじめとする北西セム系諸民族のそれと似かよっていることは早くから指摘されており、ギリシア人の供犠のあり方が、この方面からの影響のもとにかたちづくられたことがうかがわれる。

新しい建物を建てるさいに、おそらく建物の安全を祈願して、建設予定地に供物を埋納する慣習は、オリエントにもギリシアにも共通している。アッシリア人やヒッタイト人のあいだには、宮殿や神殿を建設する前に金銀・青銅製品や宝石を埋納する習慣が広くみられた。クレタのミノア人も、小石、什器、動物の骨などを建物の下にうめていた。ミノア時代以後のギリシアの例としては、クレタの有力ポリスであるゴルテュンのアクロポリス上の神殿で発見された紀元前八〇〇年ころの埋納物が、現在のところもっとも古い。デロス島のアルテミス神殿(紀元前七〇〇年頃)では、当時の埋納品とミケーネ時代の伝世品が小さな竪穴におさめられていた。小アジア西岸のギリシア系植民市エフェソスのアルテミス神殿の埋納品は、最初期の貨幣▲を含んでいたことで知られるが、紀元前六世紀なかごろのものらしい。この慣習は、移動する職人たちによってオリエントからクレタ経由でギリシアの地へ伝えられたのではないかと考えられ

▼ギリシア最古の貨幣　ギリシアにおける貨幣鋳造の始まりは、二十世紀初めにエフェソスのアルテミス神殿で発見された琥珀(こはく)金貨を手がかりに、紀元前七世紀ころと考えられてきたが、近年、これら最古の貨幣の年代を紀元前六世紀へ引き下げる説が有力になってきている。

卜占用肝臓模型　メソポタミア出土(右)、エトルリア出土(左)。

ている。

　儀礼におけるオリエントの影響を示す例として近年注目されているのは、卜《ぼく》占《せん》と浄め、それに呪詛である。ギリシア人はオリエントから、鳥占い、夢占い、動物の内臓による占いなど、さまざまな種類の卜占術を学んできた。鳥占いは、ヒッタイト、シリア、アッシリアなどオリエントのほぼ全域でみることができる。シュメールには夢占いを専門におこなう卜占者がいた。『イリアス』においても、夢占い師は一般の卜占者とは別のものととらえられている。ローマ時代のギリシア人アルテミドロスが残した『夢判断の書』は、このような夢占いの知識を集成した著作である。

　ギリシア人がことに重視した卜占術に、犠牲動物の内臓、わけても肝臓による占いがある。この種の占いのいわばマニュアルというべき粘土製の肝臓の模型が、メソポタミア(紀元前十八世紀)をはじめ、シリア、小アジアでも発見されている。これは、肝臓を詳細に区分けし、各部位について観察すべきポイントを記したものである。それらとよく似た青銅製の模型がエトルリアで出土している。紀元前三〜前二世紀のものとされるこの模型は、内臓占いの技術がオリエントから西方へ伝播《でんぱ》したことを物語る。ギリシアでは今までのところ同種の遺物はみつかっていないが、肝臓の各部位を示す用語がアッカド語とギリシア語に共通しているので、ギリシア人が内臓占いの技術においてオリエントに多くを負っていたことはまちがいない。

浄めもまた、オリエントとギリシアに共通点の多い儀礼である。ギリシアにおける代表的な浄めは、屠殺した犠牲獣の血をふりかける方法である。殺人を犯した人間に血をふりかけて浄めるというよく知られた例のほか、古典期のアテネでは、民会場にブタの血をそそいで聖別することがおこなわれていた。一方、オリエントでは、精神に異常をきたした人に犠牲獣の血をそそいで治療する例がみられる。また、オリエントには、穀物の練り物やアスファルトをぬりつけたうえでそれを拭きとるという浄めの方法があったが、ギリシアでも泥と籾殻《もみがら》を拭きとる浄めの例がある。浄めにかかわる語彙からも、この分野における東西の交流がうかがわれる。浄めを意味するギリシア語の語幹 kathar は、燻蒸《くんじょう》を意味するセム語 qatar に由来しており、ギリシアでは燻蒸は浄めの一手段であった。『オデュッセイア』の主人公オデュッセウスは、妻ペネロペイアの求婚者たちを殺戮《さつりく》した屋敷を硫黄《いおう》で燻蒸して浄めた。

呪詛は、文化圏をこえてあまねくみられる儀礼の一つである。ギリシアでは、呪いをかけようとする人の人形や毛髪や所持品の一部を破壊したり、墓地や井戸にうめたりすることによって、呪いの対象者本人に危害をおよぼすという、共感呪術がさかんにおこなわれていた。呪い人形（いわゆるブードゥー人形）や、呪詛の文句を刻んだ鉛板が、数多くみつかっている。紀元前七世紀に、植民市キュレネの建設に乗り出そうとするテラの市民たちが植民の貫徹を期して交わしたとされる有名な宣誓を刻んだ碑文は、蠟人形を焼きながら、誓約に背く者はその人形のごとく溶け去るべしと呪いをかける印象的な文句で結ばれている。このような呪術はいずれも、メソポタミア、シリア、エジプトでは古くからおこなわれていたものである。

文字と口承

ギリシア最古の文学とされているホメロスとヘシオドスの諸作品に『ギルガメシュ英雄叙事詩』『クマルビの歌』『ウルリクンミの歌』『エヌマ・エリシュ』

▼キュレネ　紀元前七世紀末に、キクラデス諸島に属するテラ島（現在のサントリーニ島）の住民が建設した植民市。呪いの文句を含む宣誓は、紀元前四世紀の碑文のなかに再録されたかたちで現存している。

▼ヘシオドス　ギリシア中部ボイオティアの寒村アスクラに生まれた抒情詩人。紀元前七〇〇年前後に活動したと考えられている。代表作『神統記』（テオゴニア）は、原初の神である混沌（カオス）から天（ウラノス）と地（ガイア）をはじめとする神々が誕生し、彼らの闘争と世代交代をへて、ゼウスを頂点とするオリュンポス十二神が支配する世界秩序が形成されるまでを描く、神々の系譜物語。ヘシオドスの著作には、ほかに、弟ペルセスへの教訓というかたちをとりながら質実な自営農民の人生哲学を詠った『仕事と日』がある。

▼『ギルガメシュ英雄叙事詩』　世界最古の叙事詩とされる作品。一八七二年にイギリスの考古学者G・スミスにより、ニネヴェにあったアッシリア王アッシュール・バニパルの図書館に保管されていた粘土板のな

といったオリエント文学の強い影響がみられることは、つとに学者たちの注目を集めてきた。それでは、これらオリエントの文学作品は、どのようにしてギリシア人の知るところとなったのだろうか。個々の作品の伝播経路や時期はさまざまだったと思われるが、言語上の障壁を考えれば、それらがキプロスやクレタのような多言語的環境のフィルターをとおって伝わったことはまちがいなかろう。ヘシオドスやホメロスの作品そのものにも、それをうかがわせる痕跡を見出すことができる。例えば、切断され海中に投じられたウラノスの性器から生まれたアフロディテは最初にキプロスに上陸する、ゼウスはクロノスの目を逃れるためクレタの洞窟で育てられる、アガメムノンがトロイアへの出陣にさいして着用した胸当てはキプロスの伝説的な王キニュレスから贈られたものである。

ミケーネ文明の滅亡とともに線文字Bが使われなくなって以来、おそらく紀元前八世紀まで、ギリシア人は自分たちの言葉を記録するための書記システムをもっていなかった。最初から文字で書き記された可能性のあるヘシオドスの作品はともかく、ホメロスの叙事詩は、紀元前六世紀までに文字によって書き

かから発見された。これは古代メソポタミアの共通語であった標準アッカド語で書かれているが、ほかにバビロニア方言、ヒッタイト語、フルリ語、エラム語版の断片も知られている。原型はシュメール時代に遡る。

▼**『クマルビの歌』『ウルリクンミの歌』**　二十世紀初頭に、ヒッタイト帝国の古都ハットゥシャで発見されたフルリ人の神話。現存するテクストはヒッタイト語への翻訳版。フルリ人は紀元前二千年紀にミタンニ王国を築いた民族で、その文化はヒッタイトに大きな影響を与えた。主題は、天上界の支配権をめぐる神々の闘争と世代交代の物語であり、主題・構造とも『神統記』との共通点が多い。

▼**『エマヌ・エリシュ』**　紀元前十八世紀に成立したメソポタミアの天地創造神話。現存テクストはニネヴェのアッシュール・バニパル王の図書館に保管されていたもの。伝承過程については諸説があるが、『神統記』と『クマルビ』の原型をなすものと考えられている。

留められるまで、職業的な吟唱詩人によって口承されてきたのである。それにたいして、紀元前三〇〇〇年に遡る古い書記文化をもつオリエントでは、文学の伝承にも文字が大きな役割をはたしたであろうことは想像に難くない。

ゴードンは、『クマルビ』『ウルリクンミ』『エヌマ・エリシュ』などのオリエント文学が、アッカド語を共通語とする国際的コミュニケーションが活発におこなわれていたアマルナ時代（紀元前十四世紀）に、アッカド語の楔《くさび》形文字テクストのかたちでギリシア人（ミケーネ人）に伝えられたと考えるが、この仮説に懐疑的な学者もいる。ミケーネ人がアッカド語を読みこなせたかどうかは疑問で、むしろアッシリア帝国の公用語であったアラム語版による伝承のほうが、まだ可能性が高い。後述するように、線文字B以後のギリシアの書記文化は、アラム語を含む北西セム語▲の書記文化の影響を強く受けていたからである。

ある学者は、粘土板と羊皮紙の世界というオリエントの一般的な印象に反して、西アジア文学のギリシアへの伝播が口承によっておこなわれた可能性を考えている。書記文化の発達した西アジアにあっても、叙事詩などの韻文は、本来口頭で詠われるべきものであった。メソポタミアには、シュメール時代から、

▼北西セム語　セム語とは、旧約聖書の創世記においてアッシリア人、アラム人、ヘブライ人、アラビア人などの先祖とされるノアの子セムの名を、これらの民族の言語および同系統の言語族の呼称としたもの。セム語は北東・北西・南の三つに分類されており、北西セム語は、シリア・パレスティナ地方で話されていたセム系諸語を指す。

ナル(nar, アッカド語 naru)その他の職業的な歌い手集団が存在しており、その職務は、神々や王を賛歌によって祝福することであったとされる。

彼らメソポタミアの歌い手たちは、文字をもたなかった時代のギリシアの吟唱詩人と違って、書記文化と密接な関係をもっていた。シュメールの書記の学校では、音楽が教育課程に取り入れられていた。アッシリアでは、同一人物が書記と歌い手をかねている例さえみられる。歌い手たちは、基本的にはテクストにそくして朗唱しながら、同時に即興でかなり自由に改編をおこない、それをあらためてテクストに落とし込んでいたのかもしれない。もしくは、歌い手は書記によるテクストの朗読にもとづいて吟唱し、今度は書記が吟唱にともなって生じた改編や即興を織り込みながらふたたびテクストに落とすという、テクストと吟唱のあいだを行き来するプロセスがあったとも考えられる。

いずれにせよ、初期のギリシア文学に、セム語からの借用語や慣用句《イディオム》、オリエントの叙事詩技法の影響などがみてとれることは、セム語を母国語としながらギリシア語をも身につけた人びと、あるいはキプロスやクレタのような東西文化の境界ゾーンには少なくなかったと思われる多言語話者《ポリグロット》の職業的吟唱詩人が、伝播の過程に介在していたことを推測させる。

アルファベット

ホメロスやヘシオドスが、『ギルガメシュ』や『エヌマ・エリシュ』を多言語話者の吟唱詩人たちから学びとったのか、それとも書写板や羊皮紙の上で目にしたのかはともかく、それまで口承されてきたホメロスの叙事詩をテクストとして完成させ、さらに、その後のギリシア文化の発展にはかりしれぬ貢献をしたのが、北西セム語の書記システムの移植であったことは疑いない。

はじめてギリシア語を書き記した線文字Bはミケーネ文明の衰退とともに失われ、わずかにキプロスで線文字Bの流れを引く音節文字の表記システムが存続したことを除けば、初期鉄器時代のギリシアに文字は存在しなかった。そのため、ギリシア人は、あらためて、まったく新しい文字と書記システムをシリア・パレスティナの北西セム語書記文化から借用した（アルファベット▲）。このことは、文字の形態・名称・音価の類似からみて、ほぼまちがいない。しかし、この受容がいつ・どのようにして・どこで起こったのかについては、学者たち

▼アルファベット　近年、表記法の点で、初期のギリシア語アルファベットと線文字B、キプロス音節文字とのあいだに連続性を認めようとする説もある。

の意見がかならずしも一致せず、よくわからない部分が残っている。
受容の時期をめぐっては、紀元前八世紀を考えるギリシア専門家と、年代を数百年遡らせて紀元前十二〜前十一世紀ころとするセム語専門家とのあいだに、意見の大きなへだたりがある。

紀元前八世紀受容説の最大の論拠は、それ以前に遡るギリシア文字の実例がみつかっていないことである。くわえて、最古のギリシア文字はとくに紀元前九世紀ころのフェニキア文字とよく似ていること、紀元前八世紀はギリシアとオリエントとの交流がとりわけ活発化した時期であったこと、などが根拠としてあげられる。

それにたいして、セム語専門家たちは、紀元前八世紀以前の実例がみつかっていないことは、実際にその時期にギリシア文字が存在しなかったことを証明しないと反論し、早期受容説の論拠として、最古のギリシア文字が、フェニキア文字をはじめとする北西セム文字の祖先である紀元前十二〜前十一世紀の原カナン文字とのあいだに無視しがたい共通点をもっていることをあげる。例えば、初期ギリシア文字は、形態だけでなく、つづり方の方向が一定していなかった点でも原カナン文字に似ているが、紀元前十一世紀半ば以後のフェニキア文字では、すでに右から左へのつづり方が定着していた。

各地で発見された初期ギリシア文字は、地域的な多様性に富んでいる。これは、ギリシア文字の成立年代を紀元前八世紀以前に遡らせる論拠の一つとなっている事実であり、文字の受容のあり方にかかわる問題である。たしかに、このような地域的多様性が、単一のモデルから短期間のうちに生じたと考えることは難しい。そのため、紀元前八世紀説をとる学者のあいだでも、現在では、北西セム文字または原カナン文字をモデルとする単一の「原ギリシア文字」から多様な地域文字が派生したとする意見はほとんどかえりみられなくなり、むしろ、初期ギリシア文字の多様性はセム文字の受容段階で発生したと考える者が多くなってきた。

それでは、セム文字をモデルとするギリシア文字が最初に生まれた場所はどこだったのか。この問いにたいしては、アル・ミナをはじめとする地中海東岸のギリシア人居留地と、クレタなどエーゲ海の島嶼《とうしょ》部という二つの候補地があげられている。

コスモポリタンな雰囲気のなかで、ギリシア人とセム語を話す地元住民との接触が日常的に生じていたと思われるアル・ミナは、ギリシア文字生誕の地として最有力候補視されている。すでに述べたように、レフカンディとアル・ミナとの、紀元前八世紀に遡る活発な交流が考古学的に明らかにされた結果、シリア・パレスティナで生まれたアルファベットがエウボイアを経由してギリシア各地へ広がったのではないかと考える学者もいる。

しかし、クレタとテラの両島も、ギリシア語アルファベットの生誕地候補として、アル・ミナに劣らず有力である。それは、これらの島々でみつかった初期のギリシア文字がセム文字にもっとも近い特徴を備えているだけでなく、テッケの墓域の発掘の結果、クレタにはすでに紀元前十世紀からシリア・パレスティナの人びとが移り住んでいたことがわかったからである。

初期のギリシア文字については、誕生と伝播をめぐる以上のような議論のほか、最近、フェニキア文字ではなくアラム文字がギリシア文字のモデルだったのではないかという説もあらわれている。北西セム文字でギリシア語を表記するさいの最大の問題は、母音の表記方法にあった。というのは、フェニキア語

▼母音代用文字　子音字だけからなる北西セム文字によってａ、ｅのような母音を表記するために、子音字を補助的に用いたもの。

を含め北西セム文字は母音字をもたないからである。ところが、紀元前八世紀なかごろにフェニキア文字から派生したアラム文字は、母音代用文字▲によって母音を表記するシステムを備えていた。

書記文化と借用語

文字の伝播を考えるさいに忘れてはならないのは、文字はそれだけが伝わったのではなく、記録媒体やレイアウトなどを含む、書記文化全体の一部としてオリエントからギリシアへと伝えられたということである。つまり、線文字Ｂの消滅後四世紀をへて、あらためて文字を書き記すことを始めたギリシア人は、はじめから木製の書写板や革製の巻物といった書写材料を利用することができたのだった。

メソポタミアやシリア・パレスティナで使われた書写板は、片面または両面に浅く窪みをつけて蠟を引いた上にとがった筆で文字を刻み、蠟引面を保護するように、ふつう二枚の板をとじ合わせたものである。これをセム語で daltu といった。daltu は、もとはドアを指す語だったが、紀元前十三世紀のウガリ

ウル・ブルンの書写板

トではすでに書写板を意味するようになっていた。ウル・ブルンの沈没船でみつかった保存状態のよい紀元前十四世紀の書写板は、最古の現存例である。

この種の書写板は、のちのギリシアやローマでも広く使われた。書写板を意味するギリシア語 deltos は daltu の借用語であり、ギリシア・ローマの書写板がオリエントのそれの流れをくんでいることを示している。ギリシア語 deltos の用例は紀元前七~前六世紀のものがもっとも古いが、書写板らしいものは、もっと古いホメロスの『イリアス』のなかにもでてくる。

シリア・パレスティナでもっとも一般的だった書物のかたちは、羊皮紙の巻物つまり巻子本であり、アラム人やフェニキア人、ヘブライ人などによって使われた。ギリシアでは、紀元前七世紀の詩人アルキロコスが、木の棒(スキュタレー)を軸とする革の巻物に言及している。ヘロドトスによると、イオニアのギリシア人は、書物のことを革(ディフテライ)と呼んでいた。この伝承は、紀元前七世紀のナウクラティス建設をきっかけとしてエジプトとの交易が盛んになり、エジプト産パピルス紙が普及する前には、ギリシア人のあいだでも羊皮紙の巻子本が一般的な書物のかたちだったことをうかがわせる。

さらに興味深いのは、ギリシア人が書物の表題と著者名を本文の末尾に記す習慣をもっていたことである。これでは、本を最後まで巻き広げなければタイトルと著者がわからないわけで、不便このうえない。巻子本を前提とすると奇妙に思えるこの慣行は、じつは、アッカド語に代表される楔形文字粘土板のレイアウトを踏襲したものだと考えられている。

書写板を意味するギリシア語deltosの例にみたように、ギリシア人は、セム語から、文字だけでなくいろいろな単語を、借用語として自分たちの言語のなかにとり入れた。近代の古典ギリシア語研究は、印欧語中心主義的な偏見のために、ギリシア語へのセム語の影響を無視しがちだったが、現在では、セム語からの少なからぬ借用語の存在が認められている。

もっとも古い借用語は、すでに線文字B文書にあらわれるクミン(ku-mi-no[古典ギリシア語、以下同：kyminon])、胡麻(sa-sa-ma[sesamon])、黄金(ku-ru-so[chrysos])と下着(ki-to[chiton])などで、これらはミケーネ時代の東西交易を反映するものであろう。事実、紀元前八世紀以後のギリシア語にも、商業や貿易にかかわる借用語は多い。例えば、船(gaulos)、袋(sakos)、市場(makellos)などがそれである。ギリシアの代表的な重量・貨幣単位であるムナ(mna)は、バビロニアの重量単位マナ(mana)に由来する。ムナは、名称だけでなく度量衡としてもバビロニアの六十進法の特徴をとどめている。なぜならムナは、上位の重量単位であるタラントンの六〇分の一だったからである。

上述のように、オリエントの影響の強かった建築の分野にも、借用語が多い。例えば基本的な建築用材である石灰(titanos)、漆喰《しっくい》(gypsos)、煉瓦(plinthos)などはアッカド語起源である。

はっきりとは確定できない語を含めれば、ギリシア語に含まれるオリエント起源の語彙は、実際にはもっと多いに違いない。

④―古典期ギリシア文化の開花とオリエント

イオニアのルネサンス

小アジア西岸の中央部を占めるイオニア地方には、ミノア時代に遡るミレトスをさきがけとして、青銅器時代末期から初期鉄器時代にかけて、ギリシア人の植民があいついだ。紀元前七世紀までに、ミレトスのほか、フォカイア、クラゾメナイ、エリュトライ、テオス、レベドス、コロフォン、エフェソス、プリエネ、ミュウスの一〇の植民市が本土側に、サモスとキオスが沿岸の島嶼《とうしょ》部に、それぞれ成立していた。

これらいわゆるイオニア一二市は、紀元前七世紀初頭から前六世紀前半にかけて、「イオニアのルネサンス」とも呼ばれる経済的・文化的繁栄を享受し、当時のギリシアの先進地域としての名声をほしいままにする。こうした繁栄の一つの背景として、このころのイオニアが、小アジア西部全域を統一したリディア王国▲をつうじて、オリエントの中枢部分を支配するアッシリアと接していたことがあげられる。『イリアス』と『オデュッセイア』がイオニアで完成し

▼**リディア王国**　紀元前八世紀後半ころから前六世紀中葉にかけて、小アジア西部を中心に勢力をふるった、印欧語族に属するリディア人の国家。

たと考えられていることは、象徴的である。

リディアによって内陸部への拡大を阻止され、遊牧のキンメリア人やスキタイ人にも脅かされていたらしいイオニア諸市は、紀元前七世紀から前六世紀にかけて、ミレトスを中心に、マルマラ海沿岸《プロポンティス》と黒海沿岸《ポントス》への植民活動に乗り出す。マルマラ海南岸の地の利を活かしたマグロ漁で栄え、マルマラ海沿岸地域の国際通貨として流通した琥珀金貨《エレクトロン》を発行していたキュジコス、古典期にはアテネにたいする最大の穀物・水産加工品供給地となる黒海北岸のパンティカパイオンとオルビア、黒海南岸のシノペ(シノップ)といった有力な植民市が建設されたのは、このときのことである。また、ヘレニズム時代に先だつエジプト唯一のギリシア人居留地(エンポリオン)として有名なナウクラティスも、伝承によれば、ミレトスの主導によって紀元前六五〇年ころに建設されたといわれている。こうして、ミレトスを先導役とする北方・東方への植民が進む一方、西地中海地域へ進出したフォカイアは、フェニキア人、エトルリア人と競合しながら、フランス、スペインの沿岸に植民市を築いた。フォカイアの植民市のなかでは、紀元前六〇〇年に建設されたマッサリア(現在のマルセイユ)がもっともよく知られている。

数多くの植民市の建設と、それによる食糧・原材料の供給と輸出市場の獲得によって、イオニア諸市の商工業は非常な活況を呈した。ミレトスとテオスは高級毛織物の生産で名声を博し、キオスのブドウ酒と奴隷、コロフォンの干しブドウもよく知られていた。紀元前六世紀初頭にリディアで生まれたと考えられている計数貨幣▲がいち早くイオニアに普及したのは、当時のこの地方の経済発展と無関係ではありえない。

オリエントからの刺激と、旺盛な経済活動に支えられた社会の豊かさは、知的な活動を刺激せずにはいなかった。ギリシア哲学の源流をなすミレトス学派▲の自然哲学が、紀元前六世紀のイオニアの地に生まれたのは、かならずしも偶然ではないのである。この学派を開いたミレトスのタレスは、幾何学・土木技術・天文学・地理学に通暁し、政治の実務にもかかわった人物で、影の長さからピラミッドの高さを測定した、川の流路を変えて橋を架けることなくリディア王の軍隊を渡河させた、日食を予測したなど、彼の多才ぶりを示す伝承は多い。タレスが体系化した幾何学や天文学などの基礎には、エジプトとメソポタ

▼**計数貨幣**　そのつど計量して使用する秤量貨幣と異なり、あらかじめ規格化され、名目価値が明記されている貨幣。コイン。

▼**ミレトス学派**　ミレトス人アナクシマンドロスはタレスの弟子で、万物のもとを、限定できないもの(to apeiron)としたが、彼の弟子でやはりミレトス出身のアナクシメネスは、それを空気(aêr)とした。ミレトス学派に属するがコロフォン出身のクセノファネスは、徹底した合理主義者で、神々の擬人化を否定し、宇宙全体を支配する唯一神の存在を主張したことで知られる。

ミアで発達してきた測量術や占星術・天体観測の蓄積があったといわれる。ミレトス学派は、アナクシマンドロス、アナクシメネス、クセノファネスなどの哲学者を輩出した。この時代のイオニアの知識人層には、ほかにも、歴史家ヘロドトスが範としたヘカタイオス▲、ギリシア叙情詩の巨人アナクレオン▲などがきら星のごとく名を連ねている。

紀元前五四六年にリディアがアケメネス朝ペルシアに屈したあと、イオニア諸市はペルシアの支配下におかれた。なかでもミレトスは、いち早くペルシアと有利な関係を結び、それまでどおりの繁栄を維持したのだったが、皮肉にもこのミレトスの僭主《せんしゅ》アリスタゴラスが火付け役となって、紀元前四九九年、イオニア諸市はペルシアの支配を脱するべく蜂起することになる。そして、紀元前四九四年にイオニア人側の敗北に終わったこの反乱にアテネとエレトリア▲が荷担していたことが、ペルシアの報復をまねき、ペルシア戦争へとつながっていくのである。

▼ヘカタイオスとアナクレオン　ミレトス人ヘカタイオスは紀元前六世紀後半から前五世紀前半にかけて活動した歴史家、物語作家（ロゴグラフォス）。各地を広く旅行して蒐集した見聞を散文で書きとめたが、彼の著作は現存していない。アナクレオンは、ヘカタイオスとほぼ同時代のテオス出身の詩人。酒や恋愛などをテーマとする叙情詩の先駆者で、後世に多数の模倣者を生んだ。

▼エレトリア　アッティカの北東、エウボイア島の有力ポリスの一つ。

ペルシア戦争

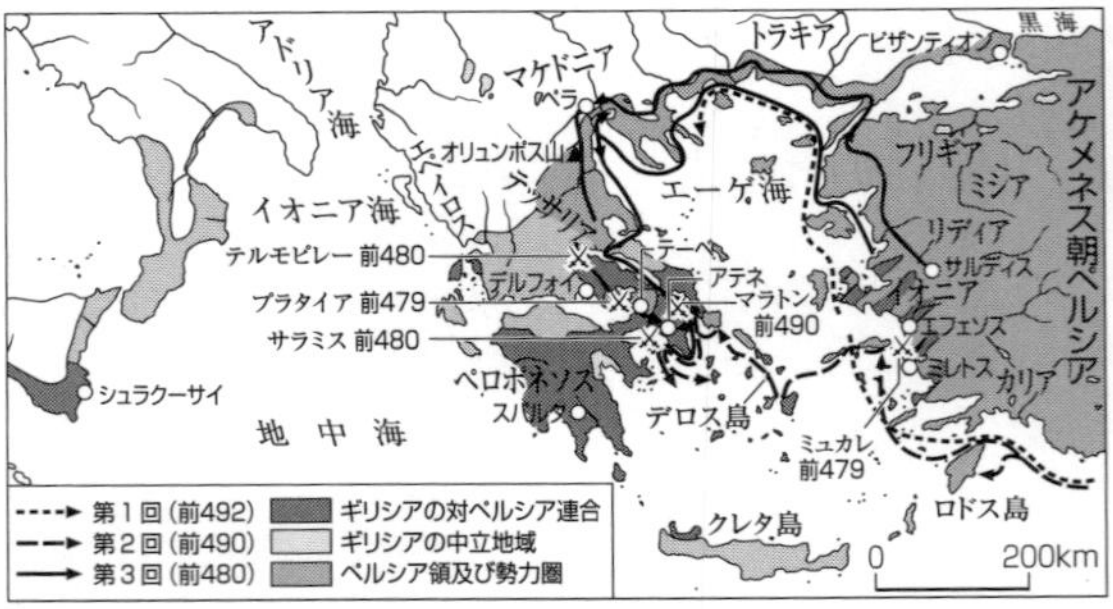

ペルシア戦争

紀元前四九四年のラデの海戦でイオニア諸市の連合艦隊を撃破し、同じ年のうちに反乱の中心ミレトスを陥落させてイオニアを平定したペルシアは、イオニア人を支援したアテネとエレトリアに報復すべく、紀元前四九〇年に遠征軍を派遣する。ペルシア軍はエレトリアを一蹴したあと、アッティカ東部マラトンの海岸に上陸してくる。アテネ人は、ほとんど独力で迎え撃ち、これを撃退する。この勝利はアテネ人に大きな自信を与えた。

その後一〇年をへた紀元前四八三年、ペルシア王クセルクセスは、自ら大軍を率いてギリシアへの第二次遠征に乗り出す。ギリシア諸国の大半は、ペルシアの大軍をおそれてその軍門にくだるか、あるいは中立を維持するので、実際にはペルシア軍に立ち向かったのはアテネとエウボイアの諸市、それにスパルタを盟主とするペロポネソス同盟諸国のみである。ペルシア軍は、スパルタ王レオニダスの奮戦もむなしくテルモピュレーの防衛戦を突破してギリシア南部へなだれ込み、アテネを占領する。ギリシア方は海戦に望みを託し、狭いサラミス水道にペルシア艦隊を誘い込んで撃破（紀元前四八〇年）、翌年にはペルシア陸軍をプラタイアで破り、ペルシアの侵攻を退けることに成功する。その後、アテネを中心とするギリシア軍は、戦場を小アジアへ移して勝利をかさね、紀元前四六七／六年のエウリュメドン河口での戦いで決定的な勝利をおさめて、小アジア西岸からペルシアの勢力を駆逐する勢いを示す。

ペルシア戦争での勝利は、当時のギリシア人たちに大きな自信を与えると同時に、ペルシア人とその支配下にあるオリエント諸民族にたいする偏見・蔑視を生み出した。ペルシア戦争に先だつ前古典期のギリシア人には、一般に、異民族にたいする侮蔑感情はなかった。周知のように、古典期には「野蛮人」というネガティヴな含みをもつようになったギリシア語バルバロイは、もとはたんに、ギリシア語ではない言語を話す人びとを指す価値中立的な語だったのである。異民族のなかでも、古い先進文明をもつエジプトやメソポタミアの人びとにたいするギリシア人の意識は、むしろ畏敬の念に近いものであった。ペルシア戦争は、このような前古典期のギリシア人のオリエント観をゆるがすできごとであった。それはまた、ペルシア人に代表されるオリエント人という他者にたいして、ギリシア人が新しいアイデンティティを形成していく過程でもあ

ギリシア人(左)**とペルシア人**(右)**の壺絵**

った。

このような傾向は、ギリシア諸国のなかでも、ペルシア戦争に中心的な役割をはたし、戦後はデロス同盟の盟主として急速に強国への道を歩みつつあったアテネにおいて、とりわけ顕著である。ペルシア戦争後、ペルシア人をはじめとする異民族(バルバロイ)とギリシア人(ヘレネス)とを二項対立的にとらえ、後者の前者にたいする優越性をあらゆる面でことさら強調するイデオロギーが生まれた。このイデオロギーは、美術から演劇にいたるさまざまな媒体をつうじて繰り返し再生産されていく。典型的な言説は、自由で「男らしい」ギリシア人にたいして隷属的で「女々しい」ペルシア人(オリエント人)というもので、上の図はその視覚的な表現の一例である。エウリュメドン河口の戦いの直後(紀元前四六〇年頃)に製作されたこの壺絵は、男性の女性にたいする支配(「ファロスの支配」)という当時のアテネ人にとっては身近な図式を使って、ギリシア人(男性)のペルシア人(女性的屈従の姿勢をとる男＝男おんな)にたいする優位というメッセージを発している。これは、ペルシアという超大国に勝利したことによるアテネ人の(いささか過剰な)自信の現れなのである。

「富める東方」への憧憬

けれども、注意せねばならないのは、ペルシア戦争を境に、アテネ人をはじめとするギリシア人のあいだにペルシア人（オリエント人）を侮蔑する感情がめばえたからといって、そうした蔑視が、オリエント文化にたいするそれまでの畏敬の念を一夜にしてぬりつぶしてしまったわけではないということである。むしろ、ペルシア軍を構成するオリエントの多様な民族と身近に接した体験は、イオニア人と違って、それまでオリエントの文化と直接に接する機会がさほど多くはなかったであろうアテネ人その他のギリシア人にとって新鮮であり、彼らの東方世界への興味をかきたてたに違いない。実際、戦後のアテネでは、エキゾティックなペルシア風の装束をまとった人物を主題とする壺絵が流行した。

なかでも、戦利品をつうじて、オリエント文化の粋を極めたペルシアのエリートたちの生活の豊かさと洗練をまのあたりにした、ギリシア人たちの驚きは大きかった。ヘロドトスの逸話が、それをいきいきと伝えている。プラタイアの戦いのあと、ペルシア軍の総司令官マルドニオスの幕舎にやってきたスパルタ王パウサニアスは、

アッシュール・バニパル王の饗宴

金銀の器物や華麗なカーテンなどを備えたマルドニオスの調度品をみると、パン焼き職人と料理番に命じて、彼らがいつもマルドニオスに作っていたと同じ料理を用意させた。このものたちが命ぜられたとおりにすると、パウサニアスは贅沢にしつらえられたソーファに金銀のテーブル、さらに食事用の豪華な調度を見、並べられた山海の珍味に驚きあきれ、戯れに自分の下僕に命じてラコニア風の食事を作らせた。料理が仕上がると二つの食事の差があまりに激しいので、パウサニアスは笑い出し、ギリシア軍の指揮官たちを呼びにやった。指揮官たちが参集すると、パウサニアスは両方の料理を示しながらいうには、「ギリシア人諸君、そなたたちに集まってもらったのは外でもない。このような生活をしながらこれほど貧しい暮しをしているわれわれから物を奪おうとしてやってきた、あのペルシアの指揮官の愚かさを、そなたたちの目の前に示したかったのだ。」（松平千秋訳『歴史』）

金銀の什器に象徴される東方エリートのライフ・スタイルにたいするギリシア人の憧れは、ペルシア戦争以前から知られている。ギリシアの貴族・富裕者

ギリシア人のシュンポシオン

たちは、ペルシア貴族にはおよびもつかぬとはいえ、金銀の器、装身具、金銀で装飾した家具などを蓄え、機会があれば宴席に供し、あるいはたがいに贈り合うなどした。ペルシア王から金銀器を贈られた者もいる。彼らにとって金銀の什器は、富と力を誇示し、たがいの絆をかためるための装置、威信財であった。ギリシア人エリートのこのような性向は、ペルシア戦争後も変わらなかった。今日、美術的に高い評価を受けている古典期アテネの装飾土器は、当時は中流層向けにつくられた金銀器の代用品だったと考える学者もいるほどである。

古典期アテネのエリートがシュンポシオンという宴会の習慣をもっていたことは、プラトンの『饗宴』によってよく知られている。これは、裕福な私人の邸宅の一室に集まった人びとが、花冠をつけ、寝椅子に横たわってくつろぎながら、音楽と食事と酒を嗜《たしな》みつつ歓談するものである。じつは、宴席で花冠をつけ寝椅子に横たわるのは前古典期にアッシリアとシリアから伝わった風俗であり、シュンポシオンに興をそえた竪琴や双管の笛《アウロス》などの楽器もまた青銅器時代にオリエントから伝来したものなのである。

古くから強大な王権が形成されたオリエントでは、権力を視覚的に演出する

ペルセポリス「百柱の間」

装置・象徴操作が高度に発達していた。ミケーネ文明の崩壊以来、オリエントの王権に相当するような権力を知らなかったギリシア人は、この面でも強い印象を受けたようである。なかでも、デロス同盟の盟主となったアテネは、戦後、ペルシア風の建物をあいついで建設している。ペルシア戦争後ペロポネソス戦争にいたる、最盛期のアテネを指導したペリクレスは、紀元前四四七年から、ペルシア軍に破壊されたアクロポリスの復興に着手したさい、その麓《ふもと》に音楽堂《オデイオン》を新設した。方形のプランに合計八一本の柱が林立するこの特異な建物は、紀元前四六〇年代にペルシア帝国の首都ペルセポリスに建設された壮大な王宮の玉座の間、いわゆる「百柱の間」を範としたものとする説がある。

また、紀元前四七〇年ころに当番評議員の詰め所としてアテネのアゴラに建設された円形堂《トロス》は、スキアス(日よけ・傘)とも呼ばれ、そのモデルはペルシア王の幕舎または傘だといわれる。ちなみに、従者によって差しかけられる傘は、オリエントではもっぱら王をはじめとする男性の権力の象徴として機能しており、ミケーネ人もそれを踏襲した。ところが、紀元前六世紀後半になって、ギリシア人がこの記号をあらためて導入したとき、それはなぜか女性のステイタ

円形堂復元図

▼**在留外国人**　アテネに長期にわたって滞在している他ポリスの市民。課税され、アテネのために兵役につく義務を負っていたにもかかわらず参政権がなく、総じてアテネ市民に比して法的に劣った立場におかれていた。

スシンボルに変化していた。ペリクレス時代のアテネ人は、最大の国家的祝祭であるパン・アテナイア祭のなかで、在留外国人《メトイコイ》▲の娘たちに市民の娘たちの傘持ちの役を割り当てたが、これはアテネ市民の支配的な地位を誇示する巧妙な演出であった。

このように、ペルシア戦争後のギリシア人は、戦勝の自信に裏打ちされたオリエント人への侮蔑感情をいだくようになってはいたものの、同時に、戦争を機に新たにかきたてられた、オリエント文化の圧倒的な豊饒さと洗練にたいする興味と憧憬を抑えることができなかったのである。

東地中海世界のなかの古代ギリシア

紀元前二千年紀前半、地中海東部をはさんで、古代オリエント文明の二大中枢であるエジプトとメソポタミア、シリア・パレスティナ、小アジアの諸文化が交錯する歴史的空間、東地中海世界が姿をあらわした。中期青銅器時代のクレタをはじめとするエーゲ海の島々はその一部をなしており、ギリシア本土も後期青銅器時代には東地中海世界に組み込まれた。このコスモポリタンな世界を裏打ちしていたのは、帝国的な支配構造よりはむしろ、縦横に張りめぐらされた経済的・社会的・文化的ネットワークであった。

こうして、古代ギリシアは、東地中海世界の周縁にあって、古代オリエント諸文化の圧倒的な影響にさらされながら自己形成を始めたのである。この構図は、紀元前二千年紀末の動乱によって青銅器時代の東地中海世界が崩壊したあとにも、基本的に変わることはない。紀元前一千年紀初めには、再編成されつつあった東地中海世界のなかで、ギリシア人は東方先進文明の豊饒な実りを貪欲に摂取していった。

「東方化革命」をもたらした紀元前八世紀から前七世紀にかけてのオリエント文化摂取の動きは、同時に、ギリシア人が東方諸文化と向き合うなかで、東方諸民族とは異なる何者かとしての自己認識・独自性を確立していく過程でもあった。そのような独自性を、ギリシア人は、オリエント文化を咀嚼《そしゃく》・吸収することによって手にいれた洗練された手段を用いて、豊かに表現していった。ギリシア人が、北西セム語のアルファベットをはじめとするオリエントの高度な書記文化を摂取・改良して、ギリシア語による膨大な著作を残したのは、その一例である。

古代日本が中華文明を基調とする東アジア文化圏の周縁で自己形成をとげたように、古代ギリシア文明は、東地中海世界を苗床として生い立った多くの樹木の一つであった。

参考文献

新井桂子「キプロス島とミケーネ文明」『オリエント』一六巻二号　一九七三年

アルテミドロス（城江良和訳）『夢判断の書』国文社　一九九四年

太田秀通『東地中海世界――古代におけるオリエントとギリシア』岩波書店　一九七七年

J・J・クールトン（伊藤重剛訳）『古代ギリシアの建築家――設計と構造の技術』中央公論美術出版　一九九一年

H・クレンゲル（五味亨ほか訳）『古代オリエント商人の世界』山川出版社　一九八三年

小板橋又久『古代オリエントの音楽――ウガリトの音楽文化に関する一考察』リトン　一九九八年

五味亨・杉勇ほか訳『古代オリエント集』（筑摩世界文学大系1）筑摩書房　一九七八年

C・H・ゴールドン（高橋正男訳）『ウガリト文学と古代世界』日本基督教団出版局　一九七六年

桜井万里子「古代ギリシア史研究の新しい潮流」『思想』九〇一号　一九九九年

柴山栄「ウガリット語文書にあらわれたウガリット王国の性格及びその古代世界諸国との関係」『オリエント』九巻四号　一九六七年

周藤芳幸『ギリシアの考古学』同成社　一九九七年

周藤芳幸「ワイン色の海を越えて――紀元前二千年紀の東地中海と東西文化交流への一考察」『西アジア考古学』三号　二〇〇二年

周藤芳幸『古代ギリシア――地中海への展開』京都大学学術出版会　二〇〇六年

月本昭男訳『ギルガメシュ叙事詩』岩波書店　一九九六年
J・ナヴェー（津村俊夫ほか訳）『初期アルファベットの歴史』法政大学出版局　二〇〇〇年
日本オリエント学会編『古代オリエント事典』岩波書店　二〇〇四年
J・F・バス（小江慶雄ほか訳）『海底の文化遺産――エーゲ海古代沈船発掘記』時事通信社　一九七七年
M・バナール（片岡幸彦監訳）『ブラック・アテナI――古代ギリシア文明のアフロ・アジア的ルーツ』新評論　二〇〇七年
廣川洋一『ヘシオドス研究序説――ギリシア思想の生誕』未來社　一九七五年
廣川洋一『ソクラテス以前の哲学者――初期ギリシアにおける宇宙・自然と人間の探求』講談社　一九九七年
ヘシオドス（廣川洋一訳）『神統記』（岩波文庫）岩波書店　一九八四年
ヘシオドス（松平千秋訳）『仕事と日』（岩波文庫）岩波書店　一九八六年
ヘロドトス（松平千秋訳）『歴史』（岩波文庫）岩波書店　一九七一～七三年
ホメロス（松平千秋訳）『イリアス』（岩波文庫）岩波書店　一九九二年
ホメロス（松平千秋訳）『オデュッセイア』（岩波文庫）岩波書店　一九九四年
グレン・E・マーコウ（片山陽子訳）『フェニキア人』創元社　二〇〇七年
師尾晶子「ギリシア世界の展開と東方世界」歴史学研究会編『古代地中海世界の統一と変容』青木書店　二〇〇〇年
山川廣司「ミケーネとヒッタイト」『史流』二二号　一九八一年
山川廣司「ミュケナイ・ギリシア期東地中海世界の交易について」『釧路論集』二七号　一九九五年

図版出典一覧

Bass, G. F., *Archaeology Beneath the Sea*, New York, 1975. 23
Betancourt, P. P. *The History of Minoan Pottery*, Princeton, NJ, 1985. 11
Boardman, J., *The Greek Overseas*, London, 1999. 38, 47, 48, 53 右, 左, 54 右, 左, 82, 83
Burkert, W., *The Orientalizing Revolution*, Cambridge, MS, 1992 49 右, 60
Connolly, P. and H. Dodge, *The Ancient City*, Oxford, 1998. 85
Cook, J. M., *The Greeks in Ionia and the East*, New York, 1962 35 下
Cook, R. M., *Greek Painted Pottery*, London, 1972. 43
Coulton, J. J., *Greek Architects at Work*, London, 1977. 57 上, 中, 下
Desborough, V. R. d. A., *The Greek Dark Age*, London, 1972. 19 中, 35 上
Dunbabin, T. J., *The Greeks and Their Eastern Neighbours*, London,1957 49 左
Frankfort, H., *The art and architecture of the ancient Orient*, London, 1954. 84
Koehl, R.B., "Minoan rhyta in Egypt", in Karetsou, A. ed., *Krete-Aigyptos*, Athens, 2000. 13
Lorimer, H. L., *Homer and the Monuments*, London, 1950. 29 左
Macqueen, J. G., *The Hittites*, London, 1986 31 左
Niemeier, W. D., "Minoans, Mycenaeans, Hittites and Ionians in Western Asia Minor", in A. Villing, *The Greeks in the East*. London, 2005. 29 右
Powell, B. B., *Writing and the Origins of Greek Literature*, Cambridge, 2002. 71
Pulak, C., "The Uluburun shipwreck. Res Maritimae", in S. Swiny ed., *Cyprus and the Eastern Mediterranean from Prehistory to Late Antiquity*, Atlanta, 1997. 22
Stabbings, F.H., *Prehistoric Greece*, New York, 1973 19 下
University of Crete-Ministry of Culture xxiii EPCA, *Eastern Mediterranean Cyprus-Dodecanese-Crete 16th-6th cent.B.C.*, Heraklion,1998 14
Wardle, K. A. D., *The Mycenaean World*, London, 1997. 31 右
Museum für Kunst und Gewerbe (Hamburg), http://www.mkg-hamburg.de/mkg.php/en/ 80 右, 左
National Archaeological Museum of Athens, http://www.greeklandscapes.com/greece/athens_museum_mycenae.html 15, 17
古代オリエント博物館編『シルクロード華麗なる植物文様の世界』山川出版社 2006 51, 52
Bridgeman/ユニフォトプレス カバー裏, 扉
National Archaeological Museum, Athens/ユニフォトプレス，小学館写真提供 カバー表

世界史リブレット㉞

東《ひがし》地《ち》中海《ちゅうかい》世界《せかい》のなかの古代《こだい》ギリシア

2008年4月30日　1版1刷発行
2021年7月31日　1版4刷発行

著者：岡田《おかだ》泰介《たいすけ》

発行者：野澤武史

装幀者：菊地信義

発行所：株式会社 山川出版社

〒101-0047　東京都千代田区内神田1-13-13
電話　03-3293-8131(営業)　8134(編集)
https://www.yamakawa.co.jp/
振替　00120-9-43993

印刷所：明和印刷株式会社

製本所：株式会社　ブロケード

 ISBN978-4-634-34932-2

世界史リブレット　第Ⅲ期［全36巻］

〈白ヌキ数字は既刊〉